古典名著白文本

商君书

[战国]商鞅 著

张觉 点校

岳麓書社·长沙

图书在版编目(CIP)数据

商君书/(战国)商鞅著. —长沙:岳麓书社,2015.2(2022.10 重印)
ISBN 978-7-5538-0323-4

Ⅰ.①商…　Ⅱ.①商…　Ⅲ.①商鞅变法　Ⅳ.①B226.22

中国版本图书馆 CIP 数据核字(2014)第 306994 号

SHANGJUNSHU
商君书

著　　者　[战国]商　鞅
责任编辑　彭卫才
责任校对　舒　舍
封面设计　刘　峰

岳麓书社出版发行
地址:湖南省长沙市爱民路 47 号
直销电话:0731-88804152　0731-88885616
邮编:410006

版次:2015 年 2 月第 1 版
印次:2022 年 10 月第 3 次印刷
开本:890mm×1240mm　1/32
印张:3.875
字数:97 千字
印数:9 001—12 000
ISBN 978-7-5538-0323-4
定价:17.80 元

承印:廊坊市博林印务有限公司

如有印装质量问题,请与本社印务部联系
电话:0731-88884129

出版说明

《商君书》又称《商君》《商子》，是法家学派的代表作之一，在战国后期颇为盛行，《韩非子·五蠹》说：“今境内之民皆言治，藏商、管之法者家有之。”但因《商君书》中《更法》《错法》《徕民》等多篇涉及商鞅（约前395—前338）死后之事，显非出自商鞅之手。《四库全书总目提要》云“殆法家流，掇鞅馀论，以成是编”，应是商鞅及其后学的著作汇编，其中着重论述了商鞅一派的变法理论和具体措施。此书现存26篇，其中2篇有目无书。《商君书》文字虽然不多，但内容庞杂，其中涉及经济、政治、军事、法治等等诸多重大问题。

20世纪80年代以来，我社以打造经典为己任，力倡“花最少的钱买最好的书”。此次出版的《商君书》，由张觉校点整理，并把《申子》《慎子》作为附录，力求“原汁原味”地满足广大读者的需要。

出版说明

目　　录

商君书

第四卷

第五卷

佚文

附　录

商　君　书

（战国）　商鞅　著

校点说明

《商君书》校点原则在此不再赘述。现述之主要以助《商君书》之披阅焉。

《汉书·艺文志》诸子略法家类著录“《商君》二十九篇”，然宋、元以还，仅存二十六篇。至清代，宋刊本已无传，所传最古者为元刊本，今亦不存焉，幸为严万里（即严可均）所得，且于乾隆五十八年（1793年）取范钦本、秦四麟本加以校正。光绪初年，浙江书局刊《二十二子》，将严校元刊本刻入，于是此本遂大行于世，成为《商君书》各种版本中最通行之本子。今以光绪二年（1876年）浙江书局所校刻之西吴严万里校本（简称严本，实为浙江书局本）为底本，参校范钦本（即上海涵芬楼影印之天一阁本，实为“四部丛刊本”）、四库全书本（指台湾商务印书馆1986年影印之《文渊阁四库全书》第729册中之《商子》）、崇文书局本（指光绪纪元夏月湖北崇文书局所刊《子书百家》中之《商子》）《群书治要》（据台湾商务印书馆1981年影印之《宛委别藏》本）、

《艺文类聚》(据台湾商务印书馆1986年影印之《文渊阁四库全书》本)、《太平御览》(据上海涵芬楼影印之日本静嘉堂文库藏宋刊本)、《新序》《七国考》(据台湾商务印书馆1986年影印之《文渊阁四库全书》本),征引俞樾《诸子平议》、孙诒让《札迻》、陶鸿庆《读诸子札记》、于鬯《香草续校书》、王时省(王时润)《商君书斠诠》、简书所编《商君书笺正》、朱师辙《商君书解诂定本》、高亨《商君书注译》等诸家校注,予以点校分段。

张 觉

第一卷

更法第一

孝公平画，公孙鞅、甘龙、杜挚三大夫御于君，虑世事之变，讨正法之本，求使民之道。

君曰："代立不忘社稷，君之道也；错法务民主张（《新序·善谋篇》作'错法务明主长'），臣之行也。今吾欲变法以治，更礼以教百姓，恐天下之议我也。"

公孙鞅曰："臣闻之：'疑行无成（《新序·善谋篇》"成"作"名"），疑事无功。'君亟定变法之虑，殆无顾天下之议之也。且夫有高人之行者，固见负于世；有独知之虑者，必见骜于民。语曰：'愚者暗于成事，知者见于未萌。民不可与虑始，而可与乐成。'郭偃之法曰：'论至德者不和于俗，成大功者不谋于众。'法者所以爱民也，礼者所以便事也。是以圣人苟可以强国，不法其故；苟可以利民，不循其礼。"

孝公曰："善！"

甘龙曰："不然。臣闻之：'圣人不易民而教，知者不变法而治。'因民而教者，不劳而功成。据法而治者，吏习而民安。今若变法，不循秦国之故，更礼以教民，臣恐天下之议君，愿孰察之。"

公孙鞅曰："子之所言，世俗之言也。夫常人安于故习，学者溺于所闻。此两者所以居官而守法，非所与论于法之外也。三代不同礼而王；五霸不同法而霸。故知者作法，而愚者制焉。贤者更礼，而不肖者拘焉。拘礼之人不足与言事，制法之人不足与论变，君无疑矣。”

杜挚曰：“臣闻之‘利不百，不变法；功不十，不易器’；臣闻‘法古无过，循礼无邪’。君其图之！”

公孙鞅曰：“前世不同教，何古之法？帝王不相复，何礼之循？伏羲、神农，教而不诛。黄帝、尧、舜，诛而不怒。及至文、武，各当时而立法，因事而制礼。礼法以时而定；制令各顺其宜；兵甲器备，各便其用。臣故曰：治世不一道，便国不必法古。汤、武之王也，不脩古（严万里曰“诸本及《史记》作‘循古’，今据司马贞《索隐》改”）而兴；殷、夏之灭也，不易礼而亡。然则反古者未必可非，循礼者未足多是也。君无疑矣。”

孝公曰：“善！吾闻穷巷多怪（“怪”严本原作“恡”，《太平御览》卷195引作“恠”，“恡”即“怪”字，今据改），曲学多辨。愚者笑之（《新序·善谋篇》作“之笑”），智者哀焉；狂夫之乐，贤者丧焉。拘世以议，寡人不之疑矣。”于是遂出《垦草令》。

垦令第二

无宿治，则邪官不及为私利于民；而百官之情不相稽，则农有馀日。邪官不及为私利于民，则农不败。农不败而有馀日，则草必垦矣。

訾粟而税，则上壹而民平。上壹则信，信则臣不敢为邪。民平则慎，慎则难变。上信而官不敢为邪，民慎而难变，则下不非上,中不苦官。下不非上，中不苦官，则壮民疾农不变。壮民疾农不变，则少民学之不休。少民学之不休，则草必垦矣。

无以外权爵任与官，则民不贵学问，又不贱农。民不贵学，则愚；愚则无外交；无外交，则国勉农而不偷；民不贱农，则国安不殆。（朱师辙曰："绵眇阁本、明评校本作'愚则无外交，无外交则国安而不殆。民不贱农，则勉农而不偷……'当据改正。"）国安不殆，勉农而不偷，则草必垦矣。

禄厚而税多，食口众者，败农者也。则以其食口之数，贱（孙诒让曰"贱"当为"赋"之误）而重使之。则辟淫游惰之民，无所于食。民无所于食则必农，农则草必垦矣。

使商无得粜，农无得粜（王时省曰"籴""粜"二字当互易）。农无得粜，则窳惰之农勉疾。商不得籴，则多岁不加乐。多岁不加乐，则饥岁无裕利。无裕利则商怯。（高亨曰以上五句疑当作“商不得粜，则多岁不加乐，饥岁无裕利。多岁不加乐，饥岁无裕利，则商怯”）商怯则欲农。窳惰之农勉疾，商欲农，则草必垦矣。

声服无通于百县，则民行作不顾，休居不听。休居不听，则气不淫。行作不顾，则意必壹。意壹而气不淫，则草必垦矣。

无得取庸，则大夫家长不建缮，爱子（严本“爱子”下有“不惰食”三字，《七国考》卷二“垦令”条所引无此三字，今据删）惰民不窳，而庸民无所于食，是必农。大夫家长不建缮，则农事不伤。爱子、惰民不窳，则故田不荒。农事不伤，农民益农（陶鸿庆曰疑本作“庸民益农”，承上“庸民无所于食，是必农”而言），则草必垦矣。

废逆旅，则奸伪、躁心、私交、疑农之民不行，逆旅之民无所于食，则必农。农则草必垦矣。

壹山泽，则恶农、慢惰、倍欲之民无所于食。无所于食，则必农。农则草必垦矣。

贵酒肉之价，重其租，令十倍其朴，然则商贾少，农不能喜酣奭，大臣不为荒饱。商贾少，则上不费粟。民不能喜（“喜”严本作“善”，今据范钦本改）酣奭，则农不慢。大臣不荒，则国事不稽，主无过举。上不费粟，民不慢农，则草必垦矣。

重刑而连其罪，则褊急之民不斗，很刚之民不讼，怠惰之民不游，费资之民不作，巧谀、恶心之民无变也。五民者不生于境内，则草必垦矣。

使民无得擅徙，则诛愚乱农农民（孙诒让曰此句疑作“则诛愚乱农之民”，“之”字草书与重文相似，故误为两“农”字也），无所于食，而必农；愚心躁欲之民壹意，则农民必静。农静诛愚，则草必垦矣。

均出馀子之使令，以世使（朱师辙曰“世使”疑“册使”之讹）之，又高其解舍，令有甬官食槩，不可以辟役，而大官未可必得也，则馀子不游事人，则必农。农则草必垦矣。

国之大臣诸大夫，博闻、辨慧、游居之事，皆无得为，无得居游于百县，则农民无所闻变见方。农民无所闻变见方，则知农无从离其故事，而愚农不知，不好学问。愚农不知，不好学问，则务疾农。知农不离其故事，则草必垦矣。

令军市无有女子，而命其商，令人自给甲兵，使视军兴；又使军市无得私输粮者，则奸谋无所于伏，盗输粮者不私稽（高亨曰此句疑当作“盗粮者无所售，输粮者不私稽”），轻惰之民不游军市。盗粮者无所售，送粮者不私（高亨曰“私”下当有“稽”字），轻惰之民不游军市，则农民不淫，国粟不劳，则草必垦矣。

百县之治一形，则从迂者不敢更其制（孙诒让曰此句当作“则从迂者不饰，代者不敢更其制”），过而废者不能匿其举。过举不匿，则官无邪人。迂者不饰，代者不更，则官属少而民不劳。官无邪则民不敖。民不敖则业不败。官属少，征不烦。民不劳，则农多日。农多日，征不烦，业不败，则草必垦矣。

重关市之赋，则农恶商，商有疑惰之心。农恶商，商疑惰，则草必垦矣。

以商之口数使商，令之厮、舆、徒、重者必当名，则农逸而商劳。农逸则良田不荒。商劳则去来赍送之礼，无通于百县，则农民不饥，行不饰。农民不饥，行不饰，则公作必疾，而私作不荒，则农事必胜。农事必胜，则草必垦矣。

令送粮无取僦，无得反庸，车牛舆重设必当名，然则往速徕疾，则业不败农。业不败农，则草必垦矣。

无得为罪人请于吏而饷食之，则奸民无主。奸民无主，则为奸不勉。农民不伤，奸民无朴（朱师辙曰明冯觐本、陈仁锡《诸子奇赏》本无“农民不伤”句，作“为奸不勉，则奸民无朴”）。奸民无朴，则农民不败。农民不败，则草必垦矣。

农战第三

凡人主之所以劝民者，官爵也。国之所以兴者，农战也。今民求官爵，皆不以农战，而以巧言虚道，此谓劳民。劳民者，其国必无力。无力者，其国必削。

善为国者，其教民也，皆作壹而得官爵，是故不官无爵。国去言则民朴。民朴则不淫。民见上利之从壹空出也，则作壹。作壹，则民不偷营。民不偷营，则多力。多力，则国强。今境内之民皆曰："农战可避，而官爵可得也。"是故豪杰皆可变业，务学《诗》《书》，随从外权，上可以得显，下可以求官爵；要靡事商贾，为技艺，皆以避农战。具备，国之危也。民以此为教者，其国必削。

善为国者，仓廪虽满，不偷于农，国大民众，不淫于言，则民朴壹。民朴壹，则官爵不可巧而取也。不可巧取，则奸不生。奸不生，则主不惑。今境内之民及处官爵者，见朝廷之可以巧言辩说取官爵也，故官爵不可得而常也。是故进则曲主，退则虑私，所以实其私，然则下卖权矣。夫曲主虑私，非国利也，而为之者，以其爵禄也。下卖权，非忠臣也，而为之者，以末货也。然则下官之冀迁者皆曰："多货，则上官可得而欲也。"曰："我不以货事上而求迁者，则如以狸饵鼠尔，必不冀矣。若以情事上而求迁者，则如引诸绝绳而求乘枉木也，愈不冀矣。二者不可以得迁，则我焉得无下动众取货以事上，而以求迁乎？”百姓曰：“我疾农，先实公仓，收馀以食亲，为上忘生而战，以尊主安国也。仓虚，主卑，家贫。然则不如索官。”亲戚交游合，则更虑矣。豪杰务学《诗》《书》，随从外权；要靡事商贾，为技艺，皆以避农战。民以此为教，则粟焉得无少，而兵焉得无弱也？

善为国者，官法明，故不任知虑；上作壹，故民不俭营（朱师辙曰“俭营”疑“偷营”之讹），则国力抟。国力抟者强，国好言谈者削。故曰：农战之民千人，而有《诗》《书》辩慧者一人焉，千人者皆怠于农战矣。农战之民百人，而有技艺者一人焉，百人者皆怠于农战矣。国待农战而安，主待农战而尊。夫民之不农战也，上好言而官失常也。常官则国治，壹务则国富。国富而治，王之道也。故曰：王道作（高亨曰“作”字疑当作“非”）外，身作壹而已矣。

今上论材能知慧而任之，则知慧之人希主好恶，使官制物，以适主心。是以官无常，国乱而不壹，辩说之人而无法也。如此，则民务焉得无多？而地焉得无荒？《诗》、《书》、礼、乐、善、修、仁、廉、辩、慧，国有十者，上无使守战。国以十者治，敌至必削，不至必贫。国去此十者，敌不敢至；虽至必却；兴兵而伐，必取；按兵不伐，必富。国好力者以难攻，以难攻者必兴；好辩者以易攻，以易攻者必危。故圣人明君者，非能尽其万物也，知万物之要也。故其治国也，察要而已矣。

今为国者多无要。朝廷之言治也，纷纷焉务相易也。是以其君惛于说，其官乱于言，其民惰而不农。故其境内之民，皆化而好辩乐学，事商贾，为技艺，避农战。如此则不远（王时省曰“不远”上当增“亡国”二字）矣。国有事，则学民恶法，商民善化，技艺之民不用，故其国易破也。夫农者寡而游食者众，故其国贫危。今夫螟、螣、蚼蠋春生秋死，一出而民数年不食。今一人耕而百人食之，此其为螟、螣、蚼蠋亦大矣。虽有《诗》《书》，乡一束，家一员，犹（“犹”严本作“独”，今据《太平御览》卷822所引《商子》改）无益于治也，非所以反之之术也，故先王反之于农战。故曰：百人农，一人居者王。十人农，一人居者强。半农半居者危。故治国者欲民之农也。国不农，则与诸侯争权，不能自持也，则众力不足也。故诸侯挠其弱，乘其衰，土地侵削而不振，则无及已。圣人知治国之要，故令民归心于农。归心于农，则民朴而可正也，纷纷则易使也，信可以守战也。壹则少诈而重居，壹则可以赏罚进也，壹则可以外用也。夫民之亲上死制也，以其旦暮从事于农。夫民之不可用也，见言谈游士事君之可以尊身也，商贾之可以富家也，技艺之足以糊口也。民见此三者之便且利也，则必避农。避农，则民轻其居。轻其居，则必不为上守战也。凡治国者，患民之散而不可抟也，是以圣人作壹，抟之也。国作壹一岁者，十岁强；作壹十岁者，百岁强；作壹百岁者，千岁强，千岁强者王。君修赏罚以辅壹教，是以其教有所常，而政有成也。王者得治民之至要，故不待赏赐而民亲上，不待爵禄而民从事，不待刑罚而民致死。国危主忧，说者成伍，无益于安危也。夫国危主忧也者，强敌大国也。人君不能服强敌、破大国也，则修守备，便地形，抟民力，以待外事，然后患可以去，而王可致也。是以明君修政作壹，去无用，止浮学事淫之民，壹之农，然后国家可富，而民力可抟也。

今世主皆忧其国之危而兵之弱也，而强听说者。说者成伍，烦言饰辞，而无实用。主好其辩，不求其实。说者得意，道路曲辩，辈辈成群。民见其可以取王公大人也，而皆学之。夫人聚党与，说议于国，纷纷焉，小民乐之，大人说之。故其民农者寡而游食者众。众则农者殆。农者殆则土地荒。学者成俗，则民舍农，从事于谈说，高言伪议，舍农游食，而以言相高也。故民离上而不臣者成群。此贫国弱兵之教也。夫国庸民以言，则民不畜于农。故惟明君知好言之不可以强兵辟土也，惟圣人之治国作壹，抟之于农而已矣。

去强第四

以强去强者弱，以弱去强者强。国为善，奸必多。国富而贫治，曰重富，重富者强。国贫而富治，曰重贫，重贫者弱。兵行敌所不敢行，强。事兴敌所羞为，利。主贵多变，国贵少变。国多物，削；主少物，强（王时省曰“主”当作“国”，“多”“少”二字宜互易）。千乘之国守千物者削。战事兵用曰强（朱师辙曰“曰”疑“国”字之讹，当作“战事兵用而国强”）。战乱兵息（高亨曰据《弱民篇》“息”当作“怠”）而国削。

农、商、官三者，国之常官也。三官者，生虱官（高亨曰本篇四处“虱官”当作“虱害”）者六：曰岁，曰食，曰美，曰好，曰志，曰行。六者有朴，必削。三官之朴三人。六官（高亨曰“六官”也当作“六害”）之朴一人。以治法者强，以治政者削（陶鸿庆曰“治法”“治政”二字皆当倒乙）。常官治者迁官。治大，国小；治小，国大。强之，重削；弱之，重强。夫以强攻强者亡，以弱攻强者王。国强而不战，毒输于内，礼乐虱官生，必削；国遂战，毒输于敌，国无礼乐虱官，必强。举荣（简书曰“荣”疑当作“劳”）任功曰强。虱官生必削。农少商多，贵人贫，商贫，农贫。三官贫，必削。

国有礼有乐，有《诗》有《书》，有善有修，有孝有弟，有廉有辩。国有十者，上无使战，必削至亡；国无十者，上有使战，必兴至王。国以善民治奸民者，必乱至削；国以奸民治善民者，必治至强。国用《诗》《书》、礼、乐、孝、弟、善、修治者，敌至必削国（于鬯曰“国”字衍），不至必贫；国不用八者治，敌不敢至，虽至必却，兴兵而伐必取，取必能有之，按兵而不攻必富。国好力，日以难攻；国好言，日以易攻（俞樾曰两“日”字乃“曰”字之误）。国以难攻者，起一得十；国（严本脱“国”字，今据范钦本补）以易攻者，出十亡百。

重罚轻赏，则上爱民，民死上；重赏轻罚，则上不爱民，民不死上。兴国行罚，民利且畏；行赏，民利且爱。国无力而行知巧者必亡。怯民使以刑，必勇；勇民使以赏，则死。怯民勇，勇民（“民”严本作“以”，今据范钦本改）死，国无敌者强，强必王。贫者使以刑则富，富者使以赏则贫。治国能令贫者富、富者贫，则国多力，多力者王。王者刑九赏一，强国刑七赏三，削国刑五赏五。

国作壹一岁，十岁强；作壹十岁，百岁强；作壹百岁，千岁强，千岁强者王。威以一取十，以声取实，故能为威者王。能生不能杀，曰自攻之国，必削；能生能杀，曰攻敌之国，必强。故攻官（高亨曰“攻官”当作“攻害”）、攻力、攻敌。国用其二，舍其一，必强；令（高亨曰“令”当作“合”）用三者威，必王。

十里断者国弱；九（严万里曰“九”当作“五”）里断

者国强。以日治者王；以夜治者强；以宿治者削。

举民众口数，生者著，死者削。民不逃粟，野无荒草，则国富，国富者强。

以刑去刑，国治。以刑致刑，国乱。故曰：行刑重轻，刑去事成，国强；重重而轻轻，刑至事生，国削。刑生力，力生强，强生威，威生惠，惠生于力。举力以成勇战，战以成知谋。

金生而粟死，粟死而金生（朱师辙曰《品节》本作“粟生而金死，粟死而金生”）。本物贱，事者众，买者少，农困而奸劝，其兵弱，国必削至亡。金一两生于竟内，粟十二石死于竟外；粟十二石生于竟内，金一两死于竟外。国好生金于竟内，则金粟两死，仓府两虚，国弱；国好生粟于竟内，则金粟两生，仓府两实，国强。

强国知十三数：竟内仓、口之数，壮男、壮女之数，老、弱之数，官、士之数，以言说取食者之数，利民之数，马、牛、刍藁之数。欲强国，不知国十三数，地虽利，民虽众，国愈弱至削。

国无怨民曰强国。兴兵而伐，则武爵武任，必胜。按兵而农，粟爵粟任，则国富。兵起而胜敌、按兵而国富者王。

第二卷

说民第五

辩慧，乱之赞也；礼乐，淫佚之征也；慈仁，过之母也；任举，奸之鼠也。乱有赞则行，淫佚有征则用，过有母则生，奸有鼠则不止。八者有群，民胜其政。国无八者，政胜其民。民胜其政，国弱。政胜其民，兵强。故国有八者，上无以使守战，必削至亡。国无八者，上有以使守战，必兴至王。

用善则民亲其亲，任奸则民亲其制。合而复者善也，别而规（“规”严本作“觇”，今据四库全书本改正）者奸也。章善则过匿，任奸则罪诛。过匿则民胜法，罪诛则法胜民。民胜法，国乱；法胜民，兵强。故曰：以良民治，必乱至削；以奸民治，必治至强。

国以难攻，起一取十；国以易攻，起十（“十”严本作“一”，今据范钦本改）亡百。国好力，曰（“曰”严本作“日”，今据范钦本改。下同）以难攻；国好言，曰以易攻。民易为言，难为用。国法作民之所难，兵用民之所易，而以力攻者，起一得十。国法作民之所易，兵用民之所难，而以言攻者，出十亡（“亡”严本作“必”，今据范钦本改）百。

罚重，爵尊。赏轻，刑威。爵尊，上爱民。刑威，民死上。故兴国行罚则民利，用赏则上重。法详则刑繁，法繁（朱师辙曰“法繁”当作“法简”）则刑省。民治则乱，乱而治之，又乱。故治之于其治，则治；治之于其乱，则乱。民之情也治，其事也乱。故行刑，重其轻者，轻者不生，则重者无从至矣，此谓治之于其治也。行刑，重其重者，轻其轻者，轻者不止，则重者无从止矣，此谓治之于其乱也。故重轻，则刑去事成，国强；重重而轻轻，则刑至而事生，国削。

民勇，则赏之以其所欲。民怯，则杀之以其所恶。故怯民使之以刑，则勇。勇民使之以赏，则死。怯民勇，勇民死，国无敌者必王。民贫则弱国，富则淫，淫则有虱，有虱则弱。故贫者益之以刑，则富；富者损之以赏，则贫。治国之举，贵令贫者富，富者贫。贫者富，富者贫，国强，三官无虱。国久强而无虱者必王。

刑生力，力生强，强生威，威生德。德生于刑。故刑多则赏重，赏少则刑重。民之有欲有恶也，欲有六淫，恶有四难。从六淫，国弱；行四难，兵强。故王者刑于九而赏出一。刑于九则六淫止，赏出一则四难行。六淫止则国无奸，四难行则兵无敌。民之所欲万，而利之所出一。民非一，则无以致欲，故作一。作一则力抟，力抟则强。强而用，重强。故能生力，能杀力，曰攻敌之国，必强。塞私道以穷其志，启一门以致其欲，使民必先行其所要（王时省曰“要”疑当作“恶”），然后致其所欲，故力多。力多而不用，则志穷；志穷，则有私；有私，则有弱。故能生力，不能杀力，曰自攻之国，必削。故曰：王者国不蓄力，家不积粟。国不蓄力，下用也；家不积粟，上藏也。

国治，断家王，断官强，断君弱。重轻，刑去。常官则治。省刑要保，赏不可倍也。有奸必告之，则民断于心。上令而民知所以应。器成于家，而行于官，则事断于家。故王者刑赏断于民心，器用断于家。治明则同，治暗则异；同则行，异则止；行则治，止则乱；治则家断，乱则君断。治国者贵下断。故以十里断者弱，以五里断者强。家断则有馀，故曰：日治者王。官断则不足，故曰：夜治者强。君断则乱，故曰：宿治者削。故有道之国，治不听君，民不从官。

算地第六

凡世主之患，用兵者不量力，治草莱者不度地。故有地狭而民众者，民胜其地；地广而民少者，地胜其民。民胜其地，务开；地胜其民者，事徕。开则行倍。民过地，则国功寡而兵力少。地过民，则山泽财物不为用。夫弃天物、遂民淫者，世主之务过也，而上下事之，故民众而兵弱，地大而力小。故为国任地者，山林居什一，薮泽居什一，溪谷流水居什一，都邑蹊道居什四（俞樾曰“都邑蹊道”下有阙文，据《来民篇》可补为“都邑蹊道居什一，恶田居什一，良田居什四”。觉按：俞补“恶田居什一”当作“恶田居什二”），此先王之正律也。故为国分田数，小亩五百，足待一役，此地不任也。方土百里，出战卒万人者，数小也。此其垦田足以食其民，都邑遂路足以处其民，山林薮泽溪谷足以供其利，薮泽堤防足以畜，故兵出粮给而财有馀，兵休民作而畜长足。此所谓任地待役之律也。

今世主有地方数千里，食不足以待役实仓，而兵为邻敌。臣故为世主患之。夫地大而不垦者，与无地同；民众而不用者，与无民同。故为国之数，务在垦草；用兵之道，务在壹赏。私利塞于外，则民务属于农；属于农则朴；朴则畏令。私赏禁于下，则民力抟于敌；抟于敌则胜。奚以知其然也？夫民之情，朴则生劳而易力，穷则生知而权利；易力则轻死而乐用，权利则畏罚而易苦；易苦则地力尽，乐用则兵力尽。

夫治国者，能尽地力而致民死者，名与利交至。民之性：饥而求食，劳而求佚，苦则索乐，辱则求荣，此民之情也。民之求利，失礼之法；求名，失性之常。奚以论其然也？今夫盗贼上犯君上之所禁，而下失臣子之礼，故名辱而身危，犹不止者，利也。其上世之士，衣不暖肤，食不满肠，苦其志意，劳其四肢，伤其五脏，而益裕广耳，非生之常也，而为之者，名也。故曰：名利之所凑，则民道之。主操名利之柄，而能致功名者，数也。圣人审权以操柄，审数以使民。数者，臣主之术，而国之要也。故万乘失数而不危、臣主失术而不乱者，未之有也。今世主欲辟地治民而不审数，臣欲尽其事而不立术，故国有不服之民，主（“主”严本误作“生”，今据范钦本改正）有不令之臣。故圣人之为国也，入令民以属农，出令民以计战。夫农，民之所苦；而战，民之所危也。犯其所苦、行其所危者，计也。故民生则计利，死则虑名。名利之所出，不可不审也。利出于地，则民尽力；名出于战，则民致死。入使民尽力，则草不荒；出使民致死，则胜敌。胜敌而草不荒，富强之功，可坐而致也。

今则不然。世主之所以加务者，皆非国之急也。身有尧、舜之行，而功不及汤、武之略者，此执柄之罪也。臣请语其过。夫治国舍势而任说，说（陶鸿庆曰上“说”字当作

"谈"）则身修而功寡。故事《诗》《书》谈说之士，则民游而轻其君；事处士，则民远而非其上；事勇士，则民竞而轻其禁；技艺之士用，则民剽而易徙；商贾之士佚且利，则民缘而议其上。故五民加于国用，则田荒而兵弱。谈说之士资在于口；处士资在于意；勇士资在于气；技艺之士资在于手；商贾之士资在于身。故天下一宅，而圜身资。民资重于身，而偏托势于外，挟重资，归偏家，尧、舜之所难也；故汤、武禁之，则功立而名成。圣人非能以世之所易胜其所难也；必以其所难胜其所易。故民愚，则知可以胜之；世知，则力可以胜之。臣（王时省曰"臣"当为"民"字之误）愚，则易力而难巧；世巧，则易知而难力。故神农教耕，而王天下，师其知也。汤、武致强，而征诸侯，服其力也。今世巧而民淫，方效汤、武之时，而行神农之事，以随世禁，故千乘惑乱，此其所加务者过也。

民之生，度而取长，称而取重，权而索利。明君慎观三者，则国治（高亨曰"治"疑当作"法"）可立，而民能可得。国之所以求民者少，而民之所以避求者多。入使民属于农，出使民壹于战。故圣人之治也，多禁以止能，任力以穷诈，两者偏用，则境内之民壹，民壹则农，农则朴，朴则安居而恶出。故圣人之为国也，民资藏于地，而偏托危于外。资藏（严本无"藏"字，朱师辙曰《汇函》本、《品节》本"资"下有"藏"字，今据补）于地则朴，托危于外则惑。民入则朴，出则惑，故其农勉而战戢也。民之农勉则资重，战戢则邻危。资重则不可负而逃，邻危则不归。于无资归危外托，狂夫之所不为也。故圣人之为国也，观俗立法则治，察国事本则宜。不观时俗，不察国本，则其法立而民乱，事剧而功寡。此臣之所谓过也。

夫刑者所以夺禁邪也，而赏者所以助禁也。羞辱劳苦者，民之所恶也；显荣佚乐者，民之所务也。故其国刑不可恶，而爵禄不足务也，此亡国之兆也。刑人复漏，则小人辟淫而不苦刑，则侥幸于民上，侥于民上以利求（高亨曰当作“则侥幸于上以求利”）。显荣之门不一，则君子事势以成名。小人不避其禁，故刑烦。君子不设其令，则罚行。刑烦而罚行者，国多奸，则富者不能守其财，而贫者不能事其业，田荒而国贫。田荒则民诈生，国贫则上匮赏。故圣人之为治也，刑人无国位，戮人无官任。刑人有列，则君子下其位；衣锦（王时省曰“衣锦”句上疑当有“戮人”二字）食肉，则小人冀其利。君子下其位，则羞功；小人冀其利，则伐奸。故刑戮者，所以止奸也；而官爵者，所以劝功也。今国立爵而民羞之，设刑而民乐之，此盖法术之患也。故君子操权一正以立术，立官贵爵以称之，论荣（简书曰“荣”字殆为“劳”字之误）举功以任之，则是上下之称平。上下之称平，则臣得尽其力，而主得专其柄。

开塞第七

天地设而民生之。当此之时也，民知其母而不知其父，其道亲亲而爱私。亲亲则别，爱私则险。民众，而以别、险为务，则民乱。当此时也，民务胜而力征。务胜则争，力征则讼，讼而无正，则莫得其性也。故贤者立中正，设无私，而民说仁。当此时也，亲亲废，上贤立矣。凡仁者以爱利（严本无“利”字，今据范钦本补）为务，而贤者以相出为道。民众而无制，久而相出为道，则有乱。故圣人承之，作为土地货财男女之分。分定而无制，不可，故立禁。禁立而莫之司，不可，故立官。官设而莫之一，不可，故立君。既立君，则上贤废而贵贵立矣。然则上世亲亲而爱私，中世上贤而说仁，下世贵贵而尊官。上贤者以道相出也，而立君者使贤无用也。亲亲者以私为道也，而中正者使私无行也。此三者非事相反也，民道弊而所重易也，世事变而行道异也。

故曰：王道有绳。夫王道一端，而臣道亦一端，所道则异，而所绳则一也。故曰：民愚，则知可以王；世知，则力可以王。民愚，则力有馀而知不足；世知，则巧有馀而力不足。民之生，不知则学，力尽而服。故神农教耕，而王天下，师其知也。汤、武致强，而征诸侯，服其力也。夫民愚，不怀知而问；世知，无馀力而服。故以王天下者并刑，力征诸侯者退德。

圣人不法古，不修今。法古则后于时，修今则塞于势。周不法商，夏不法虞，三代异势，而皆可以王。故兴王有道，而持之异理，武王逆取而贵顺，争天下而上让，其取之以力，持之以义。今世强国事兼并，弱国务力守，上不及虞、夏之时，而下不修汤、武，汤、武塞（朱师辙曰《品节》本作“汤、武之道塞”），故万乘莫不战，千乘莫不守。此道之塞久矣，而世主莫之能废也，故三代不四，非明主莫有能听也。

今日愿启之以效。古之民朴以厚，今之民巧以伪。故效于古者，先德而治；效于今者，前刑而法。此俗之所惑也。今世之所谓义者，将立民之所好，而废其所恶；此其所谓不义者，将立民之所恶，而废其所乐也。二者名贸实易，不可不察也。立民之所乐，则民伤其所恶；立民之所恶，则民安其所乐。何以知其然也？夫民忧则思，思则出度；乐则淫，淫则生佚。故以刑治则民威，民威则无奸，无奸则民安其所乐。以义教则民纵，民纵则乱，乱则民伤其所恶。吾所谓利（陶鸿庆曰“利”乃“刑”字之误）者，义之本也；而世所谓义者，暴之道也。夫正民者以其所恶，必终其所好；以其所好，必败其所恶。

治国刑多而赏少，故王者刑九而赏一，削国赏九而刑一。夫过有厚薄，则刑有轻重；善有大小，则赏有多少。此二者，世之常用也。刑加于罪所终，则奸不去；赏施于民所义，则过不止。刑不能去奸、而赏不能止过者，必乱。故王者刑用于将过，则大邪不生；赏施于告奸，则细过不失。治民能使大邪不生，细过不失，则国治。国治必强。一国行之，境内独治。二国行之，兵则少寝。天下行之，至德复立。此吾以杀刑之反于德，而义合于暴也。

古者，民藂生而群处，乱，故求有上也。然则天下之乐有上也，将以为治也。今有主而无法，其害与无主同；有法不胜其乱，与无（“无”严本作“不”，今据《艺文类聚》卷52所引改）法同。天下不安无君，而乐胜其法，则举世以为惑也。夫利天下之民者莫大于治，而治莫康于立君，立君之道莫广于胜法，胜法之务莫急于去奸，去奸之本莫深于严刑。故王者以赏禁，以刑劝，求过不求善，藉刑以去刑。

第三卷

壹言第八

凡将立国，制度不可不察也，治法不可不慎也，国务不可不谨也，事本不可不抟也。制度时，则国俗可化，而民从制。治法明，则官无邪。国务壹，则民应用。事本抟，则民喜农而乐战。夫圣人之立法、化俗，而使民朝夕从事于农也，不可不知也。夫民之从事死制也，以上之设荣名、置赏罚之明也，不用辩说私门，而功立矣。故民之喜农而乐战也，见上之尊农战之士，而下辩说技艺之民，而贱游学之人也。故民壹务，其家必富，而身显于国。上开公利而塞私门，以致民力，私劳不显于国，私门不请于君。若此而功臣劝，则上令行而荒草辟，淫民止而奸无萌。治国能抟民力而壹民务者，强；能事本而禁末者，富。

夫圣人之治国也，能抟力，能杀力。制度察则民力抟。抟而不化则不行，行而无富则生乱。故治国者，其抟力也，以富国强兵也；其杀力也，以事敌劝民也。夫开而不塞，则短（陶鸿庆曰“短”乃“知”字之误，“知”与“智”同）长；长而不攻，则有奸。塞而不开，则民浑；浑而不用，则力多；力多而不攻，则有奸虱。故抟力以壹务也，杀力以攻敌也。治国者贵民壹，民壹则朴，朴则农，农则易勤，勤则富。富者废之以爵，不淫；淫者废之以刑，而务农。故能抟力而不能用者必乱；能杀力而不能抟者必亡。故明君知齐二者，其国强；不知齐二者，其国削。

夫民之不治者，君道卑也。法之不明者，君长乱也。故明君不道卑、不长乱也。秉权而立，垂法而法治，以得奸于上，而官无不，赏罚断而器用有度。若此，则国制明而民力竭，上爵尊而伦徒举。今世主皆欲治民，而助之以乱；非乐以为乱也，安其故而不窥于时也。是上法古而得其塞，下修令（俞樾曰“令”乃“今”字之误）而不时移，而不明世俗之变，不察治民之情，故多赏以致刑，轻刑以去赏。夫上设刑而民不服，赏匮而奸益多。故民之于上也（朱师辙曰此句当作“故上之于民也”），先刑而后赏。故圣人之为国也，不法古，不修今，因世而为之治，度俗而为之法。故法不察民之情而立之，则不成。治宜于时而行之，则不干。故圣王之治也，慎为察务，归心于壹而已矣。

错法第九

臣闻古之明君错法而民无邪，举事而材自练，赏行而兵强。此三者，治之本也。夫错法而民无邪者，法明而民利之也。举事而材自练者，功分明；功分明，则民尽力；民尽力，则材自练。行赏而兵强者，爵禄之谓也。爵禄者，兵之实也。是故人君之出爵禄也，道明。道明则国日强，道幽则国日削。故爵禄之所道，存亡之机也。夫削国亡主非无爵禄也，其所道过也。三王五霸，其所道不过爵禄，而功相万者，其所道明也。是以明君之使其臣也，用必出于其劳，赏必加于其功。功赏明，则民竞于功。为国而能使其民尽力以竞于功，则兵必强矣。

同列而相臣妾者，贫富之谓也。同实而相并兼者，强弱之谓也。有地而君，或强或弱者，乱治之谓也。苟有道里，地足容身，士民可致也。苟容市井，财货可众也。有土者不可以言贫，有民者不可以言弱。地诚任，不患无财；民诚用，不畏强暴。德明教行，则能以民之有为己用矣。故明主者用非其有，使非其民。明王之所贵，惟爵其实，爵其实而荣显之。不荣，则民不急列位；不显，则民不事爵；爵易得也，则民不贵上爵；列爵禄赏不道其门，则民不以死争位矣。人君而有好恶（陶鸿庆曰“人君”当作“人生”），故民可治也。人君不可以不审好恶。好恶者，赏罚之本也。夫人情好爵禄而恶刑罚，人君设二者以御民之志，而立所欲焉。夫民力尽而爵随之，功立而赏随之，人君能使其民信于此如明日月，则兵无敌矣。

人君有爵行而兵弱者，有禄行而国贫者，有法立而乱者。此三者，国之患也。故人君者先便请谒而后功力，则爵行而兵弱矣。民不死（陶鸿庆曰“死”上当有“轻”字）犯难，而利禄可致也，则禄行而国贫矣。法无度数，而事日烦，则法立而治乱矣。是以明君之使其民也，使必尽力以规其功，功立而富贵随之，无私德也，故教流成。如此，则臣忠君明，治著而兵强矣。

故凡明君之治也，任其力，不任其德，是以不忧不劳，而功可立也，度数已立，而法可修。故人君者不可不慎己也。夫离朱见秋豪百步之外，而不能以明目易人；乌获举千钧之重，而不能以多力易人。夫圣人之存体性，不可以易人，然而功可得者，法之谓也。

战法第十

凡战法，必本于政胜，则其民不争，不争则无以私意，以上为意。故王者之政，使民怯于邑斗，而勇于寇战。民习以力攻难，故（严本“故”上有“难”字，今据范钦本删）轻死。

见敌如溃，溃而不止，则免。故兵法：“大战胜，逐北无过十里。小战胜，逐北无过五里。”

兵起而程敌，政不若者勿与战；食不若者勿与久；敌众勿为客；敌尽不如，击之勿疑。故曰：兵大律在谨，论敌察众，则胜负可先知也。

王者之兵，胜而不骄，败而不怨。胜而不骄者，术明也。败而不怨者，知所失也。

若兵敌强弱，将贤则胜，将不如则败。若其政出庙算者，将贤亦胜，将不如亦胜。政久（严本无“政久”二字，今据范钦本补）持胜术者，必强至王。若民服而听上，则国富而兵胜，行是必久王（孙诒让曰当作“行是久必王”）。

其过失，无敌深入，偕（孙诒让曰“偕”当为“偝”，“偝”与“背”同）险绝塞，民倦且饥渴，而复遇疾，此其道也（严万里曰“其”当作“败”）。故将使民者乘良马者（朱师辙曰上“者”字乃“若”字之讹），不可不齐也。

立本第十一

凡用兵，胜有三等：若兵未起则错法，错法而俗成，而用具。此三者必行于境内，而后兵可出也。行三者有二势：一曰辅法而法行（严本无“行”字，今据范钦本补），二曰举必得而法立。故恃其众者谓之葺，恃其备饰者谓之巧，恃誉目者谓之诈。此三者，恃一，因其兵可禽也。故曰：强者必刚斗其意（高亨曰“刚斗其意”当作“刚其斗意”），斗则力尽，力尽则备，是故无敌于海内。治行则货积，货积则赏能重矣。赏壹则爵尊，爵尊则赏能利矣。故曰：兵生于治，而异俗生于法，而万转过势，本于心而饰于备势。三者有论，故强可立也。是以强者必治，治者必强；富者必治，治者必富；强者必富，富者必强。故曰：治强之道三（严本无“三”字，今据范钦本补），论其本也。

兵守第十二

四战之国贵守战，负海之国贵攻战。四战之国好举兴兵以距四邻者，国危。四邻之国一兴事，而已四兴军，故曰国危。四战之国不能以万室之邑舍巨万之军者，其国危。故曰：四战之国，务在守战。

守有城之邑，不如以死人之力，与客生力战。其城拔（高亨曰“拔”上当脱“不”字）者，死人之力也。客不尽夷城，客无从入，此谓以死人之力与客生力战。城尽夷，客若有从入，则客必罢，中人必佚矣。以佚力与罢力战，此谓以生人力与客死力战。皆曰：“围城之患，患无不尽死而邑。”此三（于鬯曰“三”当作“二”）者，非患不足，将之过也。

守城之道，盛力也。故曰客，治簿檄，三军之多，分以客之候车之数。三军：壮男为一军，壮女为一军，男女之老弱者为一军。此之谓三军也。壮男之军，使盛食、厉兵，陈而待敌。壮女之军，使盛食、负垒，陈而待令，客至而作土以为险阻及耕格阱，发梁撤屋，给从从之，不洽而熯之，使客无得以助攻备。老弱之军，使牧牛马羊彘，草木（“木”严本作“水”，今据范钦本改）之可食者，收而食之，以获其壮男女之食。而慎使三军无相过。壮男过壮女之军，则男贵女，而奸民有从谋，而国亡。喜与，其恐有蚤闻，勇民不战。壮男壮女过老弱之军，则老使壮悲，弱使强怜。悲怜在心，则使勇民更虑，而怯民不战。故曰：慎使三军无相过。此盛力之道。

靳令第十三

靳令则治不留，法平则吏无奸。法已定矣，不以善言害法。任功则民少言，任善则民多言。行治曲断，以五里断者王，以十里断者强，宿治者削。以刑治，以赏战，求过不求善。故法立而不革，则显民变诛，计变诛止。贵齐（“贵齐”严本作“责商”，今据崇文书局本改）殊使，百都之尊爵厚禄以自伐。国无奸民，则都无奸市（“市”严本误作“示”，今据范钦本改正）。物多末众，农弛奸胜，则国必削。民有馀粮，使民以粟出官爵，官爵必以其力，则农不怠。四寸之管无当，必不满也。授官、予爵、出禄不以功，是无当也。

国贫而务战，毒生于敌，无六虱，必强。国富而不战，偷生于内，有六虱，必弱。国以功授官予爵，此谓以盛知谋，以盛勇战。以盛知谋，以盛勇战，其国必无敌。国以功授官予爵，则治省言寡，此谓以法去法，以言去言。国以六虱授官予爵，则治烦言生，此谓以治致治，以言致言。则君务于说言，官乱于治邪，邪臣有得志，有功者日退，此谓失。守十者乱，守壹者治。法已定矣，而好用六虱者亡。民泽毕农则国富。六虱不用，则兵民毕竞劝，而乐为主用，其竟内之民，争以为荣，莫以为辱；其次，为赏劝罚沮；其下，民恶之，忧之，羞之。修容而以言，耻食以上交，以避农战，外交以备，国之危也。有饥寒死亡，不为利禄之故战，此亡国之俗也。

六虱：曰礼、乐，曰《诗》《书》，曰修善、曰孝弟，曰诚信、曰贞廉，曰仁义，曰非兵、曰羞战。国有十二者，上无使农战，必贫至削。十二者成群，此谓君之治不胜其臣，官之治不胜其民，此谓六虱胜其政也。十二者成朴，必削。是故兴国不用十二者，故其国多力，而天下莫能犯也。兵出必取，取必能有之；按兵而不攻，必富。朝廷之吏，少者不毁也，多者不损也。效功而取官爵，虽有辩言，不能以相先也。此谓以数治。以力攻者，出一取十；以言攻者，出十亡百。国好力，此谓以难攻；国好言，此谓以易攻。

重刑少赏，上爱民，民死赏。重赏轻刑，上不爱民，民不死赏。利出一空者，其国无敌；利出二空者，国半利；利出十空者，其国不守。重刑，明大制；不明者，六虱也。六虱成群，则民不用。是故兴国罚行则民亲，赏行则民利。行罚：重其轻者，轻其重者，轻者不至，重者不来，此谓以刑去刑，刑去事成；罪重刑轻，刑至事生，此谓以刑致刑，其国必削。

圣君知物之要，故其治民有至要。故执赏罚以壹辅仁者，心之续也。圣君之治人也，必得其心，故能用力。力生强，强生威，威生德，德生于力。圣君独有之，故能述仁义于天下。

修权第十四

国之所以治者三：一曰法，二曰信，三曰权。法者，君臣之所共操也；信者，君臣之所共立也；权者，君之所独制也，人主失守则危。君臣释法任私必乱，故立法明分，而不以私害法，则治。权制独断于君，则威。民信其赏，则事功成；信其刑，则奸无端。惟明主爱权重信，而不以私害法。故上多惠言而不克其赏（严本原作“故多惠言而克其赏”，今据《群书治要》卷36所引改），则下不用；数加（“加”严本作“如”，今据崇文书局本改）严令而不致其刑，则民傲死。凡赏者，文也；刑者，武也。文武者，法之约也。故明主任法。明主不蔽之谓明，不欺之谓察。故赏厚而信（“信”严本作“利”，今据《群书治要》卷36所引改），刑重而必（严本“必”字上有“威”字，今据崇文书局本删），不失疏远，不违亲近，故臣不蔽主，而下不欺上。

世之为治者，多释法而任私议，此国之所以乱也。先王县权衡，立尺寸，而至今法之，其分明也。夫释权衡而断轻重，废尺寸而意长短,虽察，商贾不用，为其不必也。故法者，国之权衡也（严本无此八字，今据《群书治要》卷36所引补）。夫倍法度而任私议，皆不知（严本无“知”字，今据《群书治要》卷36所引补）类者也。不以法论知、能、贤、不肖者，惟尧；而世不尽为尧。是故先王知自议誉私之不可任也，故立法明分，中程者赏之，毁公者诛之。赏诛之法，不失其议，故民不争。授官予爵，不以其劳，则忠臣不进。行赏赋禄，不称其功，则战士不用。

凡人臣之事君也，多以主所好事君。君好法，则臣以法事君；君好言，则臣以言事君。君好法，则端直之士在前；君好言，则毁誉之臣在侧。公私之分明，则小人不疾贤，而不肖者不妒功。故尧、舜之位天下也，非私天下之利也，为天下位天下也；论贤举能而传焉，非疏父子亲越人也，明于治乱之道也。故三王以义亲，五霸以法正诸侯，皆非私天下之利也，为天下治天下。是故擅其名而有其功，天下乐其政，而莫之能伤也。今乱世之君臣，区区然皆擅一国之利，而管一官之重，以便其私，此国之所以危也。故公私之交，存亡之本也。

夫废法度而好私议，则奸臣鬻权以约禄，秩官之吏隐下而渔民。谚曰："蠹众而木折，隙大而墙坏。"故大臣争于私而不顾其民，则下离上。下离上者，国之隙也。秩官之吏隐下以渔百姓，此民之蠹也。故有隙蠹而不亡者，天下鲜矣。是故明王任法去私，而国无隙蠹矣。

第四卷

徕民第十五

地方百里者，山陵处什一，薮泽处什一，溪谷流水处什一，都邑蹊道处什一，恶田处什二，良田处什四。以此食作夫五万，其山陵、薮泽、溪谷，可以给其材，都邑蹊道，足以处其民，先王制土分民之律也。

今秦之地，方千里者五，而谷土不能处二，田数不满百万，其薮泽、溪谷、名山、大川之材物、货宝，又不尽为用，此人不称土也。秦之所与邻者，三晋也；所欲用兵者，韩、魏也。彼土狭而民众，其宅参居而并处；其寡萌贾息民，上无通名，下无田宅，而恃奸务末作以处；人之复阴阳泽水者过半。此其土之不足以生其民也，似有过秦民之不足以实其土也。意民之情，其所欲者田宅也，而晋之无有也信，秦之有馀也必。如此而民不西者，秦士戚而民苦也。臣窃以王吏之明为过见。此其所以弱不夺三晋民者，爱爵而重复也。其说曰："三晋之所以弱者，其民务乐而复爵轻也。秦之所以强者，其民务苦而复爵重也。今多爵而久复，是释秦之所以强，而为三晋之所以弱也。"此王吏重爵爱复（陶鸿庆曰当作"爱爵重复"）之说也，而臣窃以为不然。夫所以为苦民而强兵者，将以攻敌而成所欲也。兵法曰："敌弱而兵强。"此言不失吾所以攻，而敌失其所守也。今三晋不胜秦，四世矣。自魏襄以来，野战不胜，守城必拔，小大之战，三晋之所亡于秦者，不可胜数也。若此而不服，秦能取其地，而不能夺其民也。

今王发明惠，诸侯之士来归义者，今使复之三世，无知军事；秦四竟之内，陵阪丘隰，不起十年征者于律也。足以造作夫百万。曩者臣言曰："意民之情，其所欲者田宅也，晋之无有也信，秦之有馀也必。若此而民不西者，秦士戚而民苦也。"今利其田宅，而复之三世，此必与其所欲，而不使行其所恶也。然则山东之民无不西者矣。

且直言之谓也，不然。夫实圹什虚，出天宝（此数句严本作"且非直虚言之谓也不然夫实旷土出天宝"，今仍从旧本），而百万事本，其所益多也，岂徒不失其所以攻乎？夫秦之所患者，兴兵而伐，则国家贫；安居而农，则敌得休息。此王所不能两成也，故三世战胜（朱师辙曰"三"当作"四"），而天下不服。今以故秦事敌，而使新民作本，兵虽百宿于外，竟内不失须臾之时，此富强两成之效也。臣之所谓兵者，非谓悉兴尽起也，论竟内所能给军卒车骑。令故秦兵，新民给刍食，天下有不服之国，则王以此春围其农，夏食其食，秋取其刈，冬陈其宝，以大武摇其本，以广文安其嗣。王行此，十年之内，诸侯将无异民，而王何为爱爵而重复乎？

周军之胜，华军之胜，秦斩首而东之。东之无益亦明矣，而吏犹以为大功，为其损敌也。今以草茅之地，徕三晋之民，而使之事本，此其损敌也，与战胜同实。而秦得之以为粟，此反行两登之计也。且周军之胜、华军之胜、长平之胜，秦所亡民者几何？民客之兵，不得事本者几何？臣窃以为不可数矣。假使王之群臣，有能用之，费此之半，弱晋强秦，若三战之胜者，王必加大赏焉。今臣之所言，民无一日之繇，官无数钱之费，其弱晋强秦，有过三战之胜，而王犹以为不可，则臣愚不能知已。

齐人有东郭敞者，犹多愿，愿有万金。其徒请赒焉，不与，曰："吾将以求封也。"其徒怒而去之宋。曰："此爱于无也，故不如以先与之有也。"今晋有民，而秦爱其复，此爱非其有，以失其有也，岂异东郭敞之爱非其有以亡其徒乎？且古有尧、舜，当时而见称。中世有汤、武，在位而民服。此三（王时省曰"三"当作"四"）王者，万世之所称也，以为圣王也。然其道犹不能取用于后。今复之三世，而三晋之民可尽也，是非王贤立今时，而使后世为王用乎？然则非圣别说，而听圣人难也。

刑约第十六

（严万里注：“篇亡。”）

赏刑第十七

圣人之为国也，壹赏、壹刑、壹教。壹赏则兵无敌，壹刑则令行，壹教则下听上。夫明赏不费，明刑不戮，明教不变，而民知于民务，国无异俗。明赏之犹至于无赏也，明刑之犹至于无刑也，明教之犹至于无教也。

所谓壹赏者，利禄官爵抟出于兵，无有异施也。夫固知愚、贵贱、勇怯、贤不肖，皆尽其胸臆之知，竭其股肱之力，出死而为上用也；天下豪杰贤良从之如流水；是故兵无敌而令行于天下。万乘之国不敢苏其兵中原，千乘之国不敢捍城。万乘之国若有苏其兵中原者，战将覆其军；千乘之国若有捍城者，攻将凌其城。战必覆人之军，攻必凌人之城，尽城而有之，尽宾而致之（严本无“之”字，据范钦本补），虽厚庆赏，何费匮之有矣？昔汤封于赞茅，文王封于岐周，方百里。汤与桀战于鸣条之野，武王与纣战于牧野之中，大破九军，卒裂土封诸侯，士卒坐陈者，里有书社。车休息不乘，从马华山之阳，从牛于农泽，从之老而不收。此汤、武之赏也。故曰：赞茅、岐周之粟，以赏天下之人，不人得一升；以其钱赏天下之人，不人得一钱。故曰：百里之君而封侯其臣，大其旧，自士卒坐陈者，里有书社，赏之所加，宽于牛马者，何也？善因天下之货，以赏天下之人。故曰：明赏不费。汤、武既破桀、纣，海内无害，天下大定，筑五库，藏五兵，偃武事，行文教，倒载干戈，搢笏，作为乐，以申其德。当此时也，赏禄不行，而民整齐。故曰：明赏之犹至于无赏也。

所谓壹刑者，刑无等级，自卿相将军以至大夫庶人，有不从王令、犯国禁、乱上制者，罪死不赦。有功于前，有败于后，不为损刑。有善于前，有过于后，不为亏法。忠臣孝子有过，必以其数断。守法守职之吏有不行王法者，罪死不赦，刑及三族。周官之人，知而讦之上者，自免于罪，无贵贱，尸袭其官长之官爵田禄。故曰：重刑，连其罪，则民不敢试。民不敢试，故无刑也。夫先王之禁，刺杀，断人之足，黥人之面，非求伤民也，以禁奸止过也。故禁奸止过，莫若重刑。刑重而必得，则民不敢试，故国无刑民。国无刑民，故曰：明刑不戮。晋文公将欲明刑，以亲百姓，于是合诸侯大夫于侍千宫，颠颉后至，吏（严本无“吏”字，据《太平御览》卷636、646所引补）请其罪，君曰：“用事焉。”吏遂断颠颉之脊以殉。晋国之士，稽焉皆惧，曰：“颠颉之有宠也，断以殉，况于我乎！”举兵伐曹五鹿，及反郑之埤，东徽（孙诒让曰“徽”当作“衞”）之亩，胜荆人于城濮。三军之士，止之如斩足，行之如流水。三军之士无敢犯禁者。故一假道重轻于颠颉之脊，而晋国治。昔者周公旦杀管叔、流霍叔，曰：“犯禁者也。”天下众皆曰：“亲昆弟有过，不违，而况疏远乎！”故天下知用刀锯于周庭，而海内治。故曰：明刑之犹至于无刑也。

所谓壹教者，博闻、辩慧、信廉、礼乐、修行、群党、任誉、清浊，不可以富贵，不可以评刑，不可独立私议以陈其上。坚者被，锐者挫。虽曰圣知巧佞厚朴，则不能以非功罔上利，然富贵之门，要存战而已矣。彼能战者践富贵之门。强梗焉，有常刑而不赦。是父兄、昆弟、知识、婚姻、合同者，皆曰："务之所加存战而已矣。"夫故当壮者务于战，老弱者务于守，死者不悔，生者务劝，此臣之所谓壹教也。民之欲富贵也，共阖棺而后止，而富贵之门必出于兵，是故民闻战而相贺也，起居饮食所歌谣者，战也。此臣之所谓明教之犹至于无教也。

此臣所谓参教也。圣人非能通，知万物之要也。故其治国举要以致万物，故寡教而多功。

圣人治国也，易知而难行也。是故圣人不必加，凡主不必废，杀人不为暴、赏人不为仁者，国法明也。圣人以功授官予爵，故贤者不忧，圣人不宥过，不赦刑，故奸无起。圣人治国也，审壹而已矣。

画策第十八

昔者昊英之世，以伐木杀兽，人民少而木兽多。黄帝之世，不麛不卵，官无供备之民，死不得用椁。事不同，皆王者，时异也。神农之世，男耕而食，妇织而衣，刑政不用而治，甲兵不起而王。神农既没，以强胜弱，以众暴寡，故黄帝作为君臣上下之义、父子兄弟之礼、夫妇妃匹之合，内行刀锯，外用甲兵，故时变也。由此观之，神农非高于黄帝也，然其名尊者，以适于时也。故以战去战，虽战可也；以杀去杀，虽杀可也；以刑去刑，虽重刑可也。

昔之能制天下者，必先制其民者也；能胜强敌者，必先胜其民者也。故胜民之本在制民，若冶于金、陶于土也。本不坚，则民如飞鸟禽兽，其孰能制之？民本，法也。故善治者塞民以法，而名地作矣。

名尊地广，以至王者，何故？名卑地削，以至于亡者，何故？战罢者也。不胜而王、不败而亡者，自古及今，未尝有也。民勇者战胜，民不勇者战败。能壹民于战者，民勇；不能壹民于战者，民不勇。圣王见王之致于兵也，故举国而责之于兵。入其国，观其治，兵用者强。奚以知民之见用者也？民之见战也，如饿狼之见肉，则民用矣。凡战者，民之所恶也。能使民乐战者王。强国之民，父遗其子，兄遗其弟，妻遗其夫，皆曰："不得，无返！"又曰："失法离令，若死，我死。乡治之。行间无所逃，迁徙无所入（严本"入"字重，据范钦本删）。"行间之治，连以五，辨之以章，束之以令。拙无所处，罢无所生。是以三军之众，从令如流，死而不旋踵。

国之乱也，非其法乱也，非法不用也。国皆有法，而无使法必行之法。国皆有禁奸邪、刑盗贼之法，而无使奸邪、盗贼必得之法。为奸邪、盗贼者死刑，而奸邪、盗贼不止者，不必得。必得而尚有奸邪、盗贼者，刑轻也。刑轻者，不得诛也；必得者，刑者众也。故善治者，刑不善而不赏善，故不刑而民善。不刑而民善，刑重也。刑重者，民不敢犯。故无刑也，而民莫敢为非，是一国皆善也。故不赏善而民善。赏善之不可也，犹赏不盗。故善治者，使跖可信，而况伯夷乎？不能治者，使伯夷可疑，而况跖乎？势不能为奸，虽跖可信也；势得为奸，虽伯夷可疑也。

国或重治，或重乱。明主在上，所举必贤，则法可在贤。法可在贤，则法在下，不肖不敢为非，是谓重治。不明主在上，所举必不肖，国无明法，不肖者敢为非，是谓重乱。兵或重强，或重弱。民固欲战，又不得不战，是谓重强。民固不欲战，又得无战，是谓重弱。

明主不滥富贵其臣。所谓富者，非粟米珠玉也？所谓贵者，非爵位官职也？废法作私，爵禄之，富贵。凡人主德行非出人也，知非出人也，勇力非过人也。然民虽有圣知，弗敢我谋；勇力，弗敢我杀；虽众，不敢胜其主。虽民至亿万之数，县重赏而民不敢争，行罚而民不敢怨者，法也。国乱者，民多私义；兵弱者，民多私勇。则削国之所以取爵禄者多途。亡国之欲，贱爵轻禄，不作而食，不战而荣，无爵而尊，无禄而富，无官而长，此之谓奸民。所谓“治主无忠臣，慈父无孝子”，欲无善言，皆以法相司也，命相正也。不能独为非，而莫与人为非。所谓富者，入多而出寡。衣服有制，饮食有节，则出寡矣。女事尽于内，男事尽于外，则入多矣。

所谓明者，无所不见，则群臣不敢为奸，百姓不敢为非。是以人主处匡床之上，听丝竹之声，而天下治。所谓明者，使众不得不为。所谓强者，天下胜。天下胜，是故合力。是以勇强不敢为暴，圣知不敢为诈，而虚用。兼天下之众，莫敢不为其所好，而避其所恶。所谓强者，使勇力不得不为己用。其志足，天下益之；不足，天下说之。恃天下者，天下去之；自恃者，得天下。得天下者，先自得者也。能胜强敌者，先自胜者也。

圣人知必然之理、必为之时势，故为必治之政，战必勇之民，行必听之令。是以兵出而无敌，令行而天下服从。黄鹄之飞，一举千里，有必飞之备也。丽丽巨巨，日走千里，有必走之势也。虎豹熊罴，鸷而无敌，有必胜之理也。圣人见本然之政，知必然之理，故其制民也，如以高下制水，如以燥湿制火。故曰：仁者能仁于人，而不能使人仁。义者能爱于人，而不能使人爱，是以知仁义之不足以治天下也。圣人有必信之性，又有使天下不得不信之法。所谓义者：为人臣忠；为人子孝；少长有礼；男女有别；非其义也，饿不苟食，死不苟生。此乃有法之常也。圣王者不贵义而贵法，法必明，令必行，则已矣。

第五卷

境内第十九

四境之内，丈夫女子皆有名于上，生（严本无“生”字，据崇文书局本补）者著，死者削。

其有爵者乞无爵者以为庶子，级乞一人。其无役事也，其庶子役其大夫月六日；其役事也，随而养之。

军爵，自一级已下至小夫，命曰校徒操，出公爵；自二级已上至不更，命曰卒。其战也，五人来簿为伍，一人羽而轻其四人，能人得一首则复。夫劳爵，其县过三日有不致士大夫劳爵能。五人一屯长，百人一将。其战，百将、屯长不得，斩首；得三十三首以上，盈论，百将、屯长赐爵一级。五百主，短兵五十人。二五百主，将之主，短兵百。千石之令，短兵百人。八百之令，短兵八十人。七百之令，短兵七十人。六百之令，短兵六十人。国封尉，短兵千人。将，短兵四千人。战及死吏，而轻短兵，能一首则优。

能攻城围邑，斩首八千已上，则盈论；野战，斩首二千，则盈论（“论”严本误作“谕”，据范钦本改正）。吏自操及校以上大将，尽赏行间之吏也，故爵公士也，就为上造也。故爵上造，就为簪袅，就为不更。故爵为大夫，爵吏而为县尉，则赐虏六，加五千六百。爵大夫而为国治，就为大夫。故爵大夫，就为公大夫，就为公乘，就为五大夫，则税邑三百家。故爵五大夫，皆有赐邑三百家，有赐税三百家。爵五大夫，有税邑六百家者，受客。大将、御、参皆赐爵三级。故客卿相，论盈，就正卿。就为大庶长。故大庶长，就为左更。故四更也，就为大良造。

以战故，暴首三，乃校，三日，将军以不疑致士大夫劳爵。其县四尉，訾由丞尉。

能得甲（“甲”严本作“爵”，据范钦本改）首一者，赏爵一级，益田一顷，益宅九亩，一除（朱师辙曰“一”字疑衍）庶子一人，乃得人（朱师辙曰“人”当作“入”）兵官之吏。

其狱法，高爵訾下爵级。高爵能，无给有爵人隶仆。爵自二级以上，有刑罪则贬。爵自一级以下，有刑罪则已。

小夫（“夫”严本作“失”，据四库全书本、崇文书局本改）死，以上至大夫，其官级一等，其墓树级一树。

其攻城围邑也，国司空訾其（“其”严本作“莫”，今据范钦本改）城之广厚之数。国尉分地，以徒校分积尺而攻之，为期，曰：“先已者当为最启，后已者訾为最殿，再訾则废。内（孙诒让曰“内”当为“穴”）通则积薪，积薪则燔柱。陷队之士，面十八人。陷队之士知疾斗，不（王时省曰“不”字当衍）得斩首队五人，则陷队之士，人赐爵一级；死，则一人后；不能死之，千人环睹，谏黥劓于城下。国尉分地，以中卒随之。将军为木壹（陶鸿庆曰“壹”

乃"臺"字之误)，与国正监、与王（"王"严本作"正"，据范钦本改）御史参望之。其先入者，举为最启；其后入者，举为最殿。其陷队也，尽其几者；几者不足，乃以欲级益之。

弱民第二十

民弱国强，国强民弱。故有道之国，务在弱民。朴则强，淫则弱。弱则轨，淫则越志。弱则有用，越志则强。故曰：以强去强者，弱；以弱去强者，强。

民，善之则亲，利之用则和，用则有任，和则匮，有任乃富于政。上舍法，任民之所善，故奸多。民贫则力富，力富则淫，淫则有虱。故民富而不用，则使民以食出，各必有力，则农不偷。农不偷，六虱无萌。故国富而民治，重强。

兵易弱难强，民乐生安佚，死难难正，易之则强。事有羞，多奸寡。赏无失，多奸疑。敌失必利。兵至强，威；事无羞，利。用兵久处利势，必王。故兵行敌之所不敢行，强；事兴敌之所羞为，利。法有，民安其次；主变，事能得齐。国守安，主操权，利。故主贵多变，国贵少变。

利出一孔，则国多物；出十孔，则国少物。守一者治，守十者乱。治则强，乱则弱。强则物来，弱则物去。故国致物者强，去物者弱。

民，辱则贵爵，弱则尊官，贫则重赏。以刑治，民则乐用；以赏战，民则轻死。故战事兵用曰强。民有私荣，则贱列卑官；富则轻赏。治民羞辱以刑，战则战。民畏死，事乱而战，故兵农怠而国弱。

农、商、官三者，国之常食（俞樾曰“食”为衍字）官也。农辟地，商致（严本无“致”字，据范钦本补）物，官法民。三官生虱六：曰岁，曰食，曰美，曰好，曰志，曰行。六者有朴，必削。农有馀食，则薄燕于岁。商有淫利，有美好，伤器。官设而不用，志行为卒。六虱成俗，兵必大败。

法枉治乱，任善言多，治众国乱，言多兵弱；法明治省，任力言息，治省国治，言息兵强。故治大国小，治小国大。

政作民之所恶，民弱；政作民之所乐，民强。民弱国强，民强国弱。故民之所乐民强，民强而强之，兵重弱。民之所乐民强，民强而弱之，兵重强。故以强重弱，弱重强，王。以强政强弱，弱存；以弱政弱强，强去。强存则弱，强去则王。故以强政弱，削；以弱政强，王也。

明主之使其臣也，用必加于功，赏必尽其劳。人主使其民信此如日月，则无敌矣。今离娄见秋豪之末，不能以（严本无“以”字，据范钦本补）明目易人；乌获举千钧之重，不能以多力易人；圣贤在体性也，不能以相易也。今当世之用事者，皆欲为上圣，举法之谓也。背法而治，此任重道远，而无马牛；济大川，而无舡楫也。今夫人众兵强，此帝王之大资也。苟非明法以守之也，与危亡为邻。故明主察法，境内之民无辟淫之心，游处之士（“士”严本误为“壬”，据范钦本改正）迫于战阵，万民疾于耕战，有以知其然也。楚国之民，齐疾而均，速若飘风；宛钜铁釶，利若蜂虿；胁蛟犀兕，坚若金石；江、汉以为池，汝、颍以为限；隐以邓林，缘以方城。秦师至，鄢、郢举，若振槁，唐蔑死于垂涉，庄跻发于内，楚分为五。地非不大也，民非不众也，甲兵财用非不多也；战不胜，守不固，此无法之所生也，释权衡而操轻重者。

御盗第二十一

（严本篇名缺，作“□□第二十一”，朱师辙曰绵眇阁本作“御盗第二十一”，今据补。又，严万里注：“篇亡。”）

外内第二十二

民之外事，莫难于战，故轻法不可以使之。奚谓轻法？其赏少而威薄，淫道不塞之谓也。奚谓淫道？为辩知者贵，游宦者任，文学私名显之谓也。三者不塞，则民不战而事失矣。故其赏少，则听者无利也；威薄，则犯者无害也。故开淫道以诱之，而以轻法战之，是谓设鼠而饵以狸也，亦不几乎？故欲战其民者，必以重法。赏则必多，威则必严，淫道必塞，为辩知者不贵，游宦者不任，文学私名不显。赏多威严。民见战赏之多则忘死，见不战之辱则苦生。赏使之忘死，而威使之苦生，而淫道又塞，以此遇敌，是以百石之弩射飘叶也，何不陷之有哉？

民之内事，莫苦于农，故轻治不可以使之。奚谓轻治？其农贫而商富，故其食贱者钱重；食贱则农贫，钱重则商富；末事不禁，则技巧之人利，而游食者众之谓也。故农之用力最苦，而赢利少，不如商贾、技巧之人。苟能令商贾、技巧之人无繁，则欲国之无富，不可得也。故曰：欲农富其国者，境内之食必贵，而不农之征必多，市利之租必重。则民不得无田，无田不得不易其食。食贵则田者利，田者利则事者众。食贵，籴食不利，而又加重征，则民不得无去其商贾、技巧，而事地利矣。故民之力尽在于地利矣。

故为国者，边利尽归于兵，市利尽归于农。边利归于兵者强，市利归于农者富。故出战而强、入休而富者，王也。

君臣第二十三

古者未有君臣上下之时，民乱而不治。是以圣人列贵贱，制爵位，立名号，以别君臣上下之义。地广，民众，万物多，故分五官而守之。民众而奸邪生，故立法制、为度量以禁之。是故有君臣之义、五官之分、法制之禁。不可不慎也。处君位而令不行，则危；五官分而无常，则乱；法制设而私善行，则民不畏刑。君尊则令行，官修则有常事，法制明则民畏刑。法制不明，而求民之行令也，不可得也。民不从令，而求君之尊也，虽尧、舜之知，不能以治。明王之治天下也，缘法而治，按功而赏。凡民之所疾战不避死者，以求爵禄也。明君之治国也，士有斩首捕虏之功，必其爵足荣也，禄足食也。农不离廛者，足以养二亲，治军事，故军士死节，而农民不偷也。

今世君不然，释法而以知，背功而以誉。故军士不战，而农民流徙（“徙”严本误作“徒”，据范钦本改）。臣闻道民之门，在上所先。故民，可令农战，可令游宦，可令学问，在上所与。上以功劳与，则民战；上以《诗》《书》与，则民学问。民之于利也，若水于下也，四旁无择也。民徒可以得利而为之者，上与之也。瞋目扼腕而语勇者得，垂衣裳而谈说者得，迟日旷久、积劳私门者得。尊向三者，无功而皆可以得。民去农战而为之，或谈议而索之，或事便辟而请之，或以勇争之。故农战之民日寡，而游食者愈众，则国乱而地削，兵弱而主卑。此其所以然者，释法制而任名誉也。

故明主慎法制。言不中法者，不听也；行不中法者，不高也；事不中法者，不为也。言中法，则辩之；行中法，则高之；事中法，则为之。故国治而地广，兵强而主尊，此治之至也。人君者不可不察也。

禁使第二十四

人主之所以禁使者，赏罚也。赏随功，罚随罪。故论功察罪，不可不审也。夫赏高罚下，而上无必知，其道也与无道同也。凡知道者，势、数也。故先王不恃其强，而恃其势；不恃其信，而恃其数。今夫飞蓬遇飘风而行千里，乘风之势也；探渊者知千仞之深，县绳之数也。故托其势者，虽远必至；守其数者，虽深必得。今夫幽夜，山陵之大，而离娄不见；清朝日䵎，则上别飞鸟，下察秋豪。故目之见也，托日之势也。得势之至，不参官而洁，陈数而物当。今恃多官众吏，官立丞、监。夫置丞立监者，且以禁人之为利也；而丞、监亦欲为利，则何以相禁？故恃丞、监而治者，仅存之治也。通数者不然也。别其势，难其道，故曰：其势难匿者，虽跖不为非焉。故（“故”严本作“或”，据范钦本改）先王贵势。

或曰：“人主执虚后以应，则物应稽验，稽验则奸得。”臣以为不然。夫吏专制决事于千里之外，十二月而计书以定，事以一岁别计，而主以一听，见所疑焉，不可蔽，员不足。夫物至，则目不得不见；言薄，则耳不得不闻。故物至则变，言至则论。故治国之制，民不得避罪，如目不能以所见遁心。今乱国不然，恃多官众吏。吏虽众，同体一也。夫同体一者相不可。且夫利异而害不同者，先王所以为保（“保”严本作“禄”，据范钦本改）也。故至治，夫妻交友不能相为弃恶盖非，而不害于亲，民人不能相为隐。上与吏也，事合而利异者也。今夫驺虞以相监，不可，事合而利异者也。（严本此下有“□”十六个，今据崇文书局本删）若使马焉能言（严本此句作“若使马马能焉”，据范钦本改），则驺虞无所逃其恶矣，利异也。利合而恶同者，父不能以问子，君不能以问臣。吏之与吏，利合而恶同也。夫事合而利异者，先王之所以为端也。民之蔽主，而不害于盖。贤者不能益，不肖者不能损，故遗贤去知，治之数也。

慎法第二十五

凡世莫不以其所以乱者治，故小治而小乱，大治而大乱，人主莫能世治其民，世无不乱之国。奚谓以其所以乱者治？夫举贤能，世之所治也，而治之所以乱。世之所谓贤者，言正也。所以为善正也，党也。听其言也，则以为能，问其党以为然，故贵之不待其有功，诛之不待其有罪也。此其势正使污吏有资，而成其奸险；小人有资，而施其巧诈。初假吏民奸诈之本，而求端悫其末，禹不能以使十人之众，庸主安能以御一国之民？彼而党与人者，不待我而有成事者也。上举一与民，民倍主位而向私交。民倍主位而向私交，则君弱而臣强。君人者不察也，非侵于诸侯，必劫于百姓。彼言说之势，愚智同学之，士学于言说之人，则民释实事而诵虚词。民释实事而诵虚词，则力少而非多。君人者不察也，以战必损其将，以守必卖其城。

故有明主忠臣产于今世，而散领其国者，不可以须臾忘于法。破胜党任，节去言谈，任法而治矣。使吏非法无以守，则虽巧不得为奸；使民非战无以效其能，则虽险不得为诈。夫以法相治、以数相举者，不能相益；訾言者，不能相损。民见相誉无益，相管附恶；见訾言无损，习相憎不相害也。夫爱人者不阿，憎人者不害，爱恶各以其正，治之至也。臣故曰：法任而国治矣。

千乘能以守者，自存也；万乘能以战者，自完也。虽桀为主，不肯诎半辞以下其敌。外不能战，内不能守，虽尧为主，不能以不臣谐所谓不若之国。自此观之，国之所以重，主之所以尊者，力也。于此二者力本，而世主莫能致力者，何也？使民之所苦者无耕，危者无战，二者，孝子难以为其亲，忠臣难以为其君。今欲驱其众民，与之孝子忠臣之所难，臣以为非劫以刑而驱以赏莫可。而今夫世俗治者，莫不释法度而任辩慧，后功力而进仁义，民故不务耕战。彼民不归其力于耕，即食屈于内；不归其节于战，则兵弱于外。入而食屈于内，出而兵弱于外，虽有地万里，带甲百万，与独立平原一贯也。且先王能令其民蹈白刃，被矢石。其民之欲为之，非如学之，所以避害。故吾教令：民之欲利者，非耕不得；避害者，非战不免。境内之民莫不先务耕战，而后得其所乐。故地少粟多，民少兵强。能行二者于境内，则霸王之道毕矣。

定分第二十六

公问于公孙鞅曰："法令以当时立之者，明旦，欲使天下之吏民皆明知而用之，如一而无私，奈何？"

公孙鞅曰：为法令置官吏，朴足以知法令之谓者，以为天下正，则奏天子。天子则各主法令之，皆降受命，发官。各主法令之民，敢忘行主法令之所谓之名，各以其所忘之法令名罪之。主法令之吏有迁徙（"徙"严本误作"徒"，据范钦本改）物故，辄使学（简书曰"学"下脱"者"字）读法令所谓，为之程式，使日数而知法令之所谓，不中程，为法令以罪之。有敢剟定法令、损益一字以上，罪死不赦。诸官吏及民有问法令之所谓也于主法令之吏，皆各以其故所欲问之法令明告之。各为尺六寸之符，明书年、月、日、时、所问法令之名，以告吏民。主法令之吏不告，及之罪，而法令之所谓也，皆以吏民之所问法令之罪，各罪主法令之吏。即以左券予吏之问法令者，主法令之吏谨藏其右券木柙（"柙"严本误作"押"，据范钦本改正），以室藏之，封以法令之长印。即后有物故，以券书从事。

法令皆副，置一副天子之殿中。为法令为禁室，有铤（孙诒让曰"铤"当为"键"）钥，为禁而以封之，内藏法令一副禁室中，封以禁印，有擅发禁室印，及入禁室视禁法令，及禁剟一字以上，罪皆死不赦。一岁受法令以禁令。

天子置三法官，殿中置一法官，御史置一法官及吏，丞相置一法官。诸侯郡县皆各为置一法官及吏，皆此秦一法官。郡县诸侯一受宝来之法令，学问并所谓。吏民知法令者，皆问法官。故天下之吏民无不知法者。吏明知民知法令也，故吏不敢以非法遇民，民不敢犯法以干法官也。遇民不修（孙诒让曰“修”当为“循”）法，则问法官。法官即以法之罪告之。民即以法官之言正告之吏。吏知其如此，故吏不敢以非法遇民，民又不敢犯法。如此，天下之吏民虽有贤良辩慧，不能开一言以枉法；虽有千金，不能以用一铢。故知诈贤能者皆作而为善，皆务自治奉公。民愚则易治也，此所生于法明白易知而必行。

法令者，民之命也，为治之本也，所以备民也。为治而去法令，犹欲无饥而去食也，欲无寒而去衣也，欲东而（严本无“而”字，据《太平御览》卷638所引补）西行也，其不几亦明矣。一兔走，百人逐之，非以兔为可分以为百，由名之未定也（此二句严本作“非以兔也”，据《群书治要》卷36所引补）。夫卖兔（严本无“兔”字，据《群书治要》卷36所引补）者满市，而盗不敢取，由名分已定也。故名分未定，尧、舜、禹、汤且皆如骛焉而逐之；名分已定，贫盗不取。今法令不明，其名不定，天下之人得议之。其议，人异而无定。人主为法于上，下民议之于下，是法令不定，以下为上也。此所谓名分之不定也。夫名分不定，尧、舜犹将皆折而奸之，而况众人乎？此令奸恶大起，人主夺威势，亡国灭社稷之道也。今先圣人为书而传之后世，必师受之，乃知所谓之名；不师受之，而人以其心意议之，至死不能知其名与其意。故圣人必为法令置官也，置吏也，为天下师，所以定名分也。名分定，则大诈贞信，民皆愿悫，而各自治也。故夫名分定，势治之道也；名分不定，势乱之道也。故势治者不可乱，势乱（“势乱”严本作“世乱”，据《群书治要》卷36所引改，下句同）者不可治。夫势乱而治之，愈乱；势治而治之，则治。故圣王治治不治乱。

夫微妙意志之言，上知之所难也。夫不待法令绳墨，而无不正者，千万之一也。故圣人以千万治天下。故夫知者而后能知之，不可以为法，民不尽知；贤者而后知之，不可以为法，民不尽贤。故圣人为法，必使之明白易知，名正，愚知遍能知之；为置法官，置主法之吏，以为天下师，令万民无陷于险危。故圣人立，天下而无刑死者，非不刑杀也，行法令，明白易知，为置法官吏为之师，以道之知，万民皆知所避就，避祸就福，而皆以自治也。故明主因治而终治之，故天下大治也。

佚　文

六　法

先王当时而立法，度务而制事。法宜其时则治，事适其务故有功。然则法有时而治，事有当而功。今时移而法不变，务易而事以古，是法与时诡，而事与务易也。故法立而乱益，务为而事废。故圣人之治国也，不法古，不循今，当时而立功，在难而能免。今民能变俗矣，而法不易；国形更势矣，而务以古。夫法者，民之治也；务者，事之用也。国失法则危，事失用则不成。故法不当时，而务不适用，而不危者，未之有也。

【说　明】

班固《汉书·艺文志》诸子略法家类著录“《商君》二十九篇”。以后，《隋书·经籍志》子部法家类著录“《商君书》五卷”（《四库全书·商子提要》认为“其称《商子》，则自《隋志》始也”，实非），《旧唐书·经籍志》丙部法家类著录“《商子》五卷”（此则称《商子》之始），《新唐书·艺文志》丙部法家类著录“《商君书》五卷”，又注曰：“或作《商子》。”（此则两称之始。）隋、唐之志皆仅录其卷数而不著其篇数，故隋、唐时此书有无缺篇，不得而知。宋郑樵《通志·艺文略》法家类著录“《商君书》五卷”，注云：“秦相卫鞅撰，汉有十九篇（觉按：当作“二十九篇”），今亡三篇。”宋晁公武《郡斋读书志》法家类亦著录“《商子》五卷”，注云：“所著本二十九篇，今亡者三篇。”宋陈振孙《直斋书录解题》亦于法家类著录“《商子》五卷”，且云：“秦相卫公孙鞅撰。或称《商君》者，其封邑也。《汉志》二十九篇，今二十六篇，又亡其一。”可见此书至宋时已有亡佚，仅存二十六篇，而至宋末又亡一篇（所亡者可能是第二十一篇），仅存二十五篇。乾隆时严万里得元刊本，始《更法》，止《定分》，为二十六篇，中间亡篇二，其一存篇名篇次而亡篇文，其一则仅存篇次而亡篇名篇文，故实为二十四篇，较郑、晁、陈所见又加少也。然其篇数仍与宋本相合，则宋本之二十六篇于此可见其大概矣。

今传唐代魏征等所辑之《群书治要》，其卷三十六摘录商鞅《商君书》之《六法》《修权》《定分》三篇文字。今本《商君书》二十六篇中无《六法》篇，则唐代《商君书》尚未亡佚与？《群书治要》所引《六法》篇虽未必完整，然亦可补今本之不足，今录于此，以供读者参考。此所据《群书治要》之版本为台湾商务印书馆1981年影印之《宛委别藏》本。

在此又有一事须补充说明之：上文所引陈振孙《直斋书录解题》之文，乃据《文渊阁四库全书》本，而《四库全书·商子提要》则云："陈振孙《书录解题》云：'《汉志》二十九篇，今二十八篇，已亡其一。'晁公武《读书志》则云：'本二十九篇，今亡者三篇。'《读书志》成于绍兴二十一年，既云已缺三篇，《书录解题》成于宋末，乃反较晁本多二篇，盖两家所录各据所见之本，故多寡不同与？"此实据元代马端临《文献通考》卷二百十二之误文而误说之，不足徵。然后世之校释家又往往重蹈覆辙。如严万里《商君书总目》附记曰："《读书志》：'今亡者三篇。'《书录解题》：'今二十八篇，又亡其一。'是宋本实二十六、二十七篇。"其《商君书附考》又云："《直斋书录解题》杂家类：'《商子》五卷，秦相卫鞅撰。《汉志》二十九篇，今二十八篇，又亡其一。'"严万里

《商君书附考》之文多抄自《文献通考》，此文不但承《通考》之误，更妄增“杂家类”之名，误上加误也。《四库全书提要》颇具权威，而严万里本又以精校之称大行于世，故后人往往不加细究，承用此类误说，得无憾乎？

点校者：张　觉

附录一　申子

校点说明

《史记·老庄申韩列传》云："申不害者，京人也，故郑之贱臣，学术以干韩昭侯。昭侯用为相，内修政教，外应诸侯，十五年，终申子之身，国治兵强，无侵韩者。申子之学，本于黄老而主刑名，著书二篇，号曰《申子》。"裴骃《史记集解》引刘向《别录》曰："今民间所有上下二篇，中书六篇，皆合二篇，已备，过太史公所记。"司马贞《史记索隐》云："今人间有上下二篇，又有中书六篇，其篇中之言，皆合上下二篇，是书已备，过于太史公所记也。"张守节《史记正义》引阮孝绪《七略》云："《申子》三卷也。"《汉书·艺文志》则于诸子略法家类著录《申子》六篇。凡此种种，可知《申子》在汉代始传二篇，后又分为六篇，魏晋南北朝以后盛行卷子，又分为三卷。然《隋书·经籍志》于子部法家类"《商君书》五卷"下却云："梁有《申子》三卷，韩相申不害撰，亡。"不过，《旧唐书·经籍志》《新唐书·艺文志》又在法家类著录申不害所撰"《申子》三卷"，而唐时所成之各种类书及宋时所成之《太平御览》《孔子集语》皆引有《申子》之文，可见此书至唐、宋时尚未亡佚。今又考宋郑樵《通志·艺文略》与《宋史·艺文志》，皆无著录，则该书或至南宋时已逐渐散逸。

元、明以还，此书无传，人们仅可从宋以前诸书之引文中略见《申子》之片言只语。清代历城马国翰所辑之《玉函山房辑佚书·子编法家类》便从战国时韩非所著之《韩非子》、吕不韦所编之《吕氏春秋》、唐代欧阳询等所编之《艺文类聚》、虞世南所编之《北堂书钞》、马总所辑之《意林》、徐坚等所编之《初学记》《文选》李善注、司马贞《史记索隐》、白居易《六帖》、北宋李昉等所编之《太平御览》、南宋薛据所辑之《孔子集语》等书中辑得《申子》佚文二十四条。今将马氏所辑悉数录入，题为《佚文》，所用《玉函山房辑佚书》之版本为同治十年(1871)济南皇华馆刊本。凡马国翰之校记，原为双行小字，今一并录入，用小字单行出之，以与《申子》正文相区别。至于文中错误处，则另出校记，且冠以“觉按”二字以与马氏之校区别。

马国翰所辑，尚未完备。唐代魏徵等所辑之《群书治要》，其卷36录有申子之《大体》篇，虽未必完整，然其篇章之巨，远胜于马氏所辑诸条，故今录之于前，所据底本为台湾商务印书馆于1981年影印之《宛委别藏》本，其中有校记两则（四部丛刊本仅存“疏疑迹”一则），今亦录入，且加括号以与正文相别。清代严可均所编之《全上古三代秦汉三国六朝文》卷四亦辑有《申子》佚文，其中一条为《玉函山房辑佚书》及《群书治要》所无，今录之于末，且冠以“严可均曰”以与马氏之校区别。

此外，明初陶宗仪所辑之《说郛》，其卷六《读子随识》亦辑有《申子》一条（“尧之治也……”），此盖录自唐宋类书，《玉函山房辑佚书》已据《艺文类聚》《太平御览》辑入，故略而不列焉。

《汉书·艺文志》著录《申子》六篇，未存其目。据《群书治要》，则知其中有《大体》篇，至于其他篇目，可考见者唯二：一曰《君臣》篇，一曰《三符》篇。《太平御览》卷221引刘向《七略》曰：“孝宣皇帝重申不害《君臣》篇，使黄门郎张子乔正其字。”《汉书·元帝记》颜师古注引刘向《别录》云：“申子学号‘刑名’。刑名者，以名责实，尊君卑臣，崇上抑下。宣帝好观其《君臣》篇。”由此可知《申子》有《君臣》篇。《淮南子·泰族训》：“今商鞅之《启塞》，申子之《三符》，韩非之《孤愤》，张仪、苏秦之从衡，皆掇取之权、一切之术也。”《论衡·效力》：“韩用申不害，行其《三符》，兵不侵境，盖十五年。不能用之，又不察其书，兵挫军破，国并于秦。”由此可知《申子》有《三符》篇。其馀三篇，则尚无从考见焉。

张　觉

大　体

夫一妇擅夫，众妇皆乱；一臣专君，群臣皆蔽。故妒妻不难破家也，乱臣不难破国也。是以明君使其臣，并进辐凑，莫得专君。今人君之所以高为城郭而谨门闾之闭者，为寇戎盗贼之至也。今夫弑君而取国者，非必逾城郭之险而犯门闾之闭也；蔽君之明，塞君之听，夺之政而专其令，有其民而取其国矣。今使乌获、彭祖，负千钧之重而怀琬玉之美，令孟贲、成荆带干将之剑卫之，行乎幽道，则盗犹偷之矣。今人君之力，非贤乎乌获、彭祖；而勇，非贤乎孟贲、成荆也。其所守者，非恃琬玉之美、千金之重也；而欲勿失，其可得耶？明君如身，臣如手；君若号，臣如响；君设其本，臣操其末；君治其要，臣行其详；君操其柄，臣事其常。为人臣者，操契以责其名。名者，天地之纲、圣人之符。张天地之纲，用圣人之符，则万物之情无所逃之矣。故善为主者，倚于愚，立于不盈，设于不敢，藏于无事，窜端匿疏（“疏”疑“迹”），示天下无为，是以近者亲之，远者怀之。示人有馀者，人夺之；示人不足者，人与之。刚者折，危者覆，动者摇，静者安。名自正也，事自定也。是以有道者，自名而正之，随事而定之也。鼓不与于五音，而为五音主；有道者不为五官之事，而为治主。君知其道也，官人知其事也。十言十当、百为百当者，人臣之事，非君人之道也。昔者尧之治天下也以名，其名正，则天下治；桀之治天下也亦以名，其名倚，而天下乱。是以圣人贵名之正也。主处其大，臣处其细，以其名听之，以其名视之，以其名命之。镜设精无为，而美恶自备；衡设平无为，而轻重自得。凡因之道，身与公无事，无事而天下自极也。

佚　文

明君治国（《意林》引无此，据《御览》补），三寸之篋（《御览》引作“机”）运而天下定，六（觉按：“六”，皇华馆本原作“方”，今据《意林》改）寸之基（《御览》作“谋”）正而天下治。（马总《意林》卷二。《太平御览》卷390）

妒妻不难破家，乱臣不难破国。一妻擅夫，众妻皆乱；一臣专君，众臣皆蔽。（《意林》卷二）

智均不相使，力均不相胜。（同上。《太平御览》卷432）

鼓不预五音而为五音主。（《意林》卷二）

百世有圣人，犹随踵而生；千里有贤者，是比肩而立。（同上。《太平御览》卷401引上二句、“踵”下有“而生”二字；卷402引下二句、欧阳询《艺文类聚》卷20亦引下二句，“肩”下并有“而立”二字，据补）

韩昭侯谓申子曰：“法度甚不易行也。”申子曰：“法者，见功而与赏（觉按：“赏”，皇华馆本误为“贵”，今据

《韩非子》改正)，因能而受官。今君设法度而听左右之请，此所以难行也。”昭侯曰：“吾自今以来，知行法矣。”(《韩非子·外储说》)

申子曰：“上明见，人备之；其不明见，人惑之。其知见，人饰之；其不知见，人匿之。其无欲见，人伺之；其有欲见，人饵之。故曰：吾无从知之，惟无为可以规之。”

慎而言也，人且知女；慎而行也，人且随女。而有知见也，人且匿女；而无知见也，人且意女。女有知也，人且臧女；女无知也，人且行女。故曰：惟无为可以规之。

独视者谓明；独听者谓聪；能独断者，故可以为天下主。(并同上)

失之数而求之信，则疑矣。(《韩非子·难三》)

治不逾官，虽知不言。(同上。又，《定法》篇作“弗言”)

韩昭釐侯视所以祠庙之牲，其豕小，昭釐侯令官更之。官以是豕来也，昭釐侯曰：“是非向者之豕邪?”官无以对。命吏罪之。从者曰：“君王何以知之?”君曰：“吾以其耳也。”申不害闻之，曰：“何以知其聋？以其耳之听也。何以知其盲？以其目之明也。何以知其狂？以其言之当也。故曰：去听无以闻，则聪；去视无以见，则明；去智无以知，则公。去三者不任，则治；三者任，则乱。”以此言，耳目心智之不足恃也。耳目心智，其所以知识甚阙，其所以闻见甚浅。以浅阙博居天下、安殊俗、治万民，其说固不行。十里之间，而耳不能听；帷（觉按："帷"，皇华馆本原作"惟"，今据《吕氏春秋》改正）墙之外，而目不能见；三亩之宫，而心不能知。其以东至开梧，南抚多颗，西服寿靡，北怀儋耳，若之何哉？故君人者，不可不察此。至（觉按：皇华馆本脱"至"字，今据《吕氏春秋》补）仁忘仁，至德不德，无言无思，静以待时，时至而应，心暇者胜。凡应之理，清净公素而正始卒；焉此治纪，无唱有和，无先有随。古之王者，其所为少，其所因多。因者，君术也；为者，臣道也。为则扰矣，因则静矣。因冬为寒，因夏为暑，君奚事哉？故曰：君道无知无为，而贤于有知有为，则得之矣。（《吕氏春秋·任数篇》）

明君治国，而晦晦，而行行，而止止。故一言正而天下治，一言倚而天下靡。（《太平御览》卷624，又卷390、欧阳询《艺文类聚》卷19并至"言正"二句，虞世南《北堂书钞》卷29引末句）

君之所以尊者，令。令之不行，是无君也。故明君慎之。（《北堂书钞》卷45。《艺文类聚》卷54"慎之"作"慎令"）

天道无私，是谓恒正。天道恒正，是以清明。（《北堂书钞》卷148，《艺文类聚》卷一。《太平御览》卷二）

地道不作，是以常静。帝以是正方，举事为之，乃有恒常之道。（《北堂书钞》卷157）

君必明法正义，若悬权衡以称轻重，所以一群臣也。

（《艺文类聚》卷54。《文选》颜延年《应诏曲水诗》李善注，又邹阳《上书吴王》注。《太平御览》卷628）

尧之治也，善（《御览》作“盖”）明法察令而已。圣君任法而不任智，任数而不任说。黄帝之治天下，置法而不变，使民安乐其法也。（《艺文类聚》卷54。《太平御览》卷638）

昔七十九代之君，法制不一，号令不同。然而俱王天下，何也？必当国富而粟多也。（同上）

岂不知镜设精无为，而美恶自备矣。（徐坚《初学记》卷25。白居易《六帖》卷13“矣”作“也”）

疑言无成。（《史记·太史公自序》司马贞《索隐》）

四海之内，六合之间，曰：“奚贵？”曰：“贵土。”土，食之本也。（《太平御览》卷37）

子曰：“丘少好学，晚而闻道，此以博矣。”（薛据《孔子集语》）

子张见鲁哀公，七日不见礼，托仆夫而去曰：“臣闻君好士（觉按：皇华馆本脱“士”字，今据《孔子集语》补），日舍重趼来见，七日而不礼。君之好士也，有似叶公子高之好龙也。叶公子高好龙，居室雕文以象龙。天龙闻而下之，窥头（觉按：“头”，皇华馆本作“颈”，今据《孔子集语》改）于牖，拖尾于堂。叶公见之，弃而（觉按：皇华馆本重“而”字，今据《孔子集语》删）还走，失其魂魄。是叶公非好龙也，好夫似龙而非龙者也。今臣闻君好士，不远千里

而见君，七日不礼，君非好士也。”子张以告夫子，子曰：“彼好夫士而非士者也。”（同上。《太平御览》卷929引《庄子》同）

有天下而不恣睢，命之曰以天下为桎梏。（严可均曰：“《史记·李斯传》《长短经·是非》。案：此申子谓亡王如此耳。《魏志》高堂隆上疏引之，责李斯不正谏。”）

附录二　慎子

校点说明

《史记·孟子荀卿列传》云："自驺衍与齐之稷下先生，如淳于髡、慎到、环渊、接子、田骈、驺奭之徒，各著书言治乱之事，以干世主，岂可胜道哉！……慎到，赵人……学黄、老道德之术，因发明序其指意。故慎到著十二论。"十二论乃发明黄、老道德之术，则当为道家言。然其所著书乃言治乱之事，故刘向又将其列于法家，与《韩非子》同。班固《汉书·艺文志》诸子略法家类著录"《慎子》四十二篇"，较《史记》所记为多，盖汉时征求遗书，乃致校定本有所增益耳。以后，《隋书·经籍志》《旧唐书·经籍志》《新唐书·艺文志》皆于法家类著录"《慎子》十卷"，唐马总《意林》又云"《慎子》十二卷"，皆不言其篇数，故隋、唐之时，此书有无缺篇，不得而知。观其卷数尚富，谅亦无所亡佚。至宋代，此书亡其大半，仅存十分之一。宋王尧臣等所撰《崇文总目》法家类著录"《慎子》一卷"。宋晁公武《郡斋读书志》卷五（宋赵希弁《附志》）诸子类亦著录"《慎子》一卷"。

宋郑樵《通志·艺文略》法家类著录“《慎子》一卷”，注云：“战国时处士慎到撰，旧有十卷。汉有四十二篇，隋、唐分为十卷，今亡九卷三十七篇。”宋王应麟《汉艺文志考证》卷六法家类云：“《汉志》四十二篇，今三十七篇亡，唯有《威德》《因循》《民杂》《德立》《君人》五篇，滕辅注。”宋陈振孙《直斋书录解题》法家类著录“《慎子》一卷”，其言云：“赵人慎到撰，《汉志》四十二篇，先于申、韩，称之。《唐志》十卷，滕辅注。今麻沙刻本才五篇，固非全书也……《崇文总目》言三十七篇。”陈氏谓“《崇文总目》言三十七篇”，实误，然后人往往循此误说。今考《文渊阁四库全书》所载《崇文总目》，仅著录“《慎子》一卷”，未云篇数。既为一卷，谅亦不足“三十七篇”。故陈氏此语中之“言”字，当为“今亡”两字之讹。盖《崇文总目》原云“今亡三十七篇”耳，否则何以仅存一卷？

自元、明以还，所传《慎子》之版本可归纳为三类：

其一为一卷五篇本，所存篇目与王应麟所言同，盖即宋本之旧。明初陶宗仪所辑之《说郛》，其卷40即录有此本，注云“一卷全”。其后，万历五年周子义等所刊《子彙》中之《慎子》、光绪元年湖北崇文书局所刊《子书百家》中之《慎子》，亦皆五篇本，不过另附潜庵子从马总《意林》中所辑出之佚文十二条。至于《四库全书》中之《慎子》，则除残存五篇及《意林》十二条外，尚有所谓

"载《文献通考》"之《慎子》佚文二十条，其《慎子提要》以为此本乃"明人裙拾残剩，重为编次"之书，甚是。至于姚际恒《古今伪书考》、黄云眉《古今伪书考补证》疑五篇本为伪书，不足信。该本与唐代《群书治要》所引多合，实不容置疑也。

其二为一卷七篇本，此乃清人据唐时类书辑补之本。清严可均曾从《群书治要》抄出七篇，是为"四录堂本"《慎子》，但未流行。通行之七篇本，乃钱熙祚所校之《守山阁丛书》本。钱氏据唐、宋类书补充明本之不足，校正明本之讹误。非独依《群书治要》增补《知忠》《君臣》两篇，而且于原刻之五篇亦依唐、宋类书之引文多所补正，又依各书引文辑成《慎子逸文》附于后。钱校本不仅包容了宋以来所传之五篇残本，而且亦尽量收罗了唐、宋时各书之引文，实为《慎子》之最佳校本。此本自道光二十四年刊行后，流传甚广。

其三为内外篇本。此本出现于明代万历间，为吴兴慎懋赏编辑校刊，今易见者有二：一为中国学会 1928 年影印之《慎懋赏注慎子内外篇》，为《慎子三种合帙》之一，与原刻全同。二为上海涵芬楼影印之江阴缪荃孙藕香簃抄本，即《四部丛刊》本。此本抄自万历本，除《慎子》内外篇外，尚附有缪荃孙所辑之《补遗》与《逸文》，乃采自钱校本而略加删削，未足称道。慎懋赏本《慎子》于明代突兀而出，令人生疑。梁启超、罗根泽等人曾辨其为伪。

今以道光二十四年所刊《守山阁丛书》本（简称钱本）为底本，将钱氏所校《慎子》七篇校点刊出。至于钱氏所辑逸文，亦悉数录入。此外，唐代马总所辑《意林》卷二与明初陶宗仪所辑《说郛》卷六《读子随识》所引《慎子》文，尚有三条为钱校本所无，也附于篇末。钱氏之校记，原为双行小字，今酌情摘录，且用小字单行出之，以与《慎子》正文相区别。至其未尽处，则另出校记，且冠以“觉按”二字以别之。

张 觉

威 德

天有明，不忧人之暗也；地有财，不忧人之贫也；圣人有德，不忧人之危也。天虽不忧人之暗，辟户牖必取己明焉，则天无事也。地虽不忧人之贫，伐木刈草必取己富焉，则地无事也。圣人虽不忧人之危，百姓准上而比于下，其必取己安焉，则圣人无事也。故圣人处上，能尢害人，不能使人无己害也，则百姓除其害矣。圣人之有天下也，受之也，非取之也。百姓之于圣人也，养之也，非使圣人养己也。则圣人无事矣。

毛嫱、西施，天下之至姣也。衣之以皮倛（“倛”《太平御览》卷381引作“褐”），则见者皆走；易之以元緆，则行者皆止。由是观之，则元緆，色之助也；姣者辞之，则色厌矣。走背跋踰穷谷野走十里，药也；走背辞药，则足废。故腾蛇游雾，飞龙乘云，云罢雾霁，与蚯蚓同，则失其所乘也。故贤而屈于不肖者，权轻也；不肖而服于贤者，位尊也。尧为匹夫，不能使其邻家；至南面而王，则令行禁止。由此观之，贤不足以服不肖，而势位足以屈贤矣。故无名而断者，权重也；弩弱而矰高者，乘于风也；身不肖而令行者，得助于众也。故举重越高者，不慢于药；爱赤子者，不慢于保；绝险历远者，不慢于御。此得助则成，释助则废矣。夫三王五伯之德，参于天地、通于鬼神、周于生物者，其得助博也。

古者工不兼事，士不兼官。工不兼事，则事省；事省，则易胜。士不兼官，则职寡；职寡，则易守。故士位可世，工事可常。百工之子，不学而能者，非生而（钱本无“而”字，据《太平御览》卷752所引补）巧也，言有常事也。今也国无常道，官无常法，是以国家日缪。教虽成，官不足；官不足，则道理匮；道理匮，则慕贤智；慕贤智，则国家之政要在一人之心矣。古者立天子而贵之者，非以利一人也。曰：天下无一贵，则理无由通；通理以为天下也。故立天子以为天下，非立天下以为天子也；立国君以为国，非立国以为君也；立官长以为官，非立官以为长也。

法虽不善，犹愈于无法，所以一人心也。夫投钩以分财，投策以分马，非以（钱本无“以”字，据《太平御览》卷429所引补）钩策为均也。使得美者，不知所以德；使得恶者，不知所以怨。此所以塞愿望也。故蓍龟，所以立公识也；权衡，所以立公正也；书契，所以立公信也；度量，所以立公审也；法制礼籍，所以立公义也。凡立公，所以弃私也。明君动事分功必由慧，定赏分财必由法，行德制中必由礼。故欲不得干时，爱不得犯法，贵不得逾规（“规”钱本作“亲”，据《群书治要》卷37所引改），禄不得逾位；士不得兼官，工不得兼事；以能受事，以事受利。若是者，上无羡赏，下无羡财。

因循

天道因则大，化则细。因也者，因人之情也。人莫不自为也，化而使之为我，则莫可得而用矣。是故先王见不受禄者不臣。禄不厚者，不与入难，人不得其所以自为也，则上不取用焉。故用人之自为，不用人之为我，则莫不可得而用矣。此之谓因。

民杂

民杂处而各有所能。所能者不同，此民之情也。大君者，太上也，兼畜下者也。下之所能不同，而皆上之用也。是以大君因民之能为资，尽包而畜之，无能去取焉。是故不设一方以求于人，故所求者无不足也。大君不择其下，故足。不择其下，则易为下矣。易为下，则莫不容。莫不容，故多下。多下之谓太上。

君臣之道，臣事事，而君无事；君逸乐，而臣任劳；臣尽智力以善其事，而君无与焉，仰成而已。故事无不治，治之正道然也。人君自任，而务为善以先下，则是代下负任蒙劳也，臣反逸矣，故曰：君人者，好为善以先下，则下不敢与君争为善以先君矣，皆私其所知以自覆掩，有过，则臣反责君，逆乱之道也。君之智，未必最贤于众也，以未最贤而欲以善尽被下，则不赡矣。若使君之智最贤，以一君而尽赡下，则劳；劳则有倦；倦则衰；衰则复反于不赡之道也。是以人君自任而躬事，则臣不事事，是君臣易位也，谓之倒逆；倒逆则乱矣。人君苟任臣而勿自躬，则臣皆事事矣。是君臣之顺，治乱之分，不可不察也。

知　忠

乱世之中，亡国之臣，非独无忠臣也。治国之中，显君之臣，非独能尽忠也。治国之人，忠不偏于其君。乱世之人，道不偏于其臣。然而治乱之世，同世有忠道之人。臣之欲忠者不绝世，而君未得宁其上，无遇比干、子胥之忠，而毁瘁主君于暗墨之中，遂染溺灭名而死。由是观之，忠未足以救乱世，而适足以重非。何以识其然也？曰：父有良子而舜放瞽叟，桀有忠臣而过盈天下。然则孝子不生慈父之家，而忠臣不生圣君之下。故明主之使其臣也，忠不得过职，而职不得过官。是以过修于身，而下不敢以善骄矜守职之吏；人务其治，而莫敢淫偷其事；官正以敬其业，和顺以事其上。如此，则至治已。

亡国之君，非一人之罪也；治国之君，非一人之力也。将治乱，在乎贤使任职而不在于忠也。故智盈天下，泽及其君；忠盈天下，害及其国。故桀之所以亡，尧不能以为存。然而尧有不胜之善，而桀有运非之名，则得人与失人也。故廊庙之材，盖非一木之枝也；粹白之裘，盖非一狐之皮也；治乱安危，存亡荣辱之施，非一人之力也。

德　立

立天子者，不使诸侯疑焉；立诸侯者，不使大夫疑焉；立正妻者，不使嬖妾疑焉；立嫡子者，不使庶孽疑焉。疑则动，两则争，杂则相伤，害在有与不在独也。故臣有两位者，国必乱。臣两位而国不乱者，君在也，恃君而不乱矣，失君必乱。子有两位者，家必乱。子两位而家不乱者，父在也，恃父而不乱矣，失父必乱。臣疑其君，无不危之国；孽疑其宗，无不危之家。

君　人

君人者，舍法而以身治，则诛赏予夺从君心出矣。然则受赏者虽当，望多无穷；受罚者虽当，望轻无已。君舍法而以心裁轻重，则同功殊赏、同罪殊罚矣，怨之所由生也。是以分马者之用策，分田者之用钩，非以钩策为过于人智也，所以去私塞怨也。故曰：大君任法而弗躬，则事断于法矣。法之所加，各以其分，蒙其赏罚而无望于君也。是以怨不生而上下和矣。

君 臣

为人君者，不多听，据法倚数以观得失。无法之言，不听于耳；无法之劳，不图于功；无劳之亲，不任于官。官不私亲，法不遗爱，上下无事，唯法所在。

逸 文

行海者，坐而至越，有舟也；行陆者，立而至秦，有车也。秦、越，远途也，安坐而至者，械也。（《御览》768）

厝钧石，使禹察锱铢之重，则不识也；悬于权衡，则氂发之不可差，则不待禹之智，中人之知，莫不足以识之矣。（《御览》830，又《意林》节引）

谚云："不聪不明，不能为王；不瞽不聋，不能为公。海与山争水，海必得之。"（《意林》，《御览》496）

礼从俗，政从上，使从君。国有贵贱之礼，无贤不肖之礼，有长幼之礼，无勇怯之礼；有亲疏之礼，无爱憎之礼也。（《类聚》38，《御览》523）

法之功，莫大使私不行；君之功，莫大使民不争。今立法而行私，是私与法争，其乱甚于无法；立君而尊贤，是贤与君争，其乱甚于无君。故有道之国，法立则私议不

行，君立则贤者不尊。民一于君，事断于法，是国之大道也。(《类聚》54,《御览》638)

河之下龙门，其流，驶如竹箭，驷马追，弗能及。(《御览》40)

有权衡者，不可欺以轻重；有尺寸者，不可差以长短；有法度者，不可巧以诈伪。(《意林》,《御览》429)

有虞之诛，以幪巾当墨，以草缨当劓，以菲履当刖，以艾鞸当宫，布衣无领当大辟，此有虞之诛也。斩人肢体，凿其肌肤，谓之刑；画衣冠，异章服，谓之戮。上世用戮而民不犯也，当世用刑而民不从。(《御览》645)

昔者，天子手能衣而宰夫设服，足能行而相者导进，口能言而行人称辞，故无失言失礼也。(《御览》76)

离朱之明，察秋毫之末于百步之外，下于水尺而不能见浅深，非目不明也，其势难睹也。(《文选·演连珠》注、《杨荆州诔》注,《类聚》17,《御览》366)

尧让许由，舜让善卷，皆辞为天子而退为匹夫。(《类聚》21,《御览》424)

折券契，属符节，贤不肖用之。(《御览》430)

鲁庄公铸大钟，曹刿入见曰："今国褊小而钟大，君何不图之?"(《初学记》16,《御览》575)

公输子，巧用材也，不能以檀为瑟。(《御览》576)

孔子曰："邱少而好学，晚而闻道，以此博矣。"(《御览》607)

孔子云："有虞氏不赏不罚，夏后氏赏而不罚，殷人罚而不赏，周人赏且罚。罚，禁也；赏，使也。"（《御览》633）

燕鼎之重乎千钧，乘于吴舟，则可以济。所托者，浮道也。（《御览》768）

君臣之间，犹权衡也。权左轻则右重，右重则左轻，轻重迭相橛，天地之理也。（《御览》830）

饮过度者生水，食过度者生贪。（《御览》849）

故治国无其法则乱，守法而不变则衰。有法而行私，谓之不法。以力役法者，百姓也；以死守法者，有司也；以道变法者，君长也。（《类聚》54）

一兔走街，百人追之，贪人具存，人莫之非者，以兔为未定分也。积兔满市，过而不顾，非不欲兔也，分定之后，虽鄙不争。（《后汉书·袁绍传》注，又，《意林》及《御览》907并节引。按《吕氏春秋·慎势篇》引慎子云："今一兔走，百人逐之，非一兔足为百人分也，由未定。由未定，尧且屈力，而况众人乎？积兔满市，行者不顾，非不欲兔也，分已定矣。分已定，人虽鄙不争。故治天下及国，在乎定分而已矣。"）

匠人知为门，能以门，所以不知门也，故必杜，然后能门。（《淮南子·道应训》）

劲而害能，则乱也；云能而害无能，则乱也。（《荀子·非十二子篇》注）

弃道术，舍度量，以求一人之识识天下，谁子之识能

足焉？（《荀子·王霸篇》注）

多贤不可以多君，无贤不可以无君。（《荀子·解蔽篇》注）

匠人成棺，不憎人死，利之所在，忘其丑也。（《意林》。又，《御览》551引作“匠人成棺，而无憎于人，利在人死也”）

兽伏就秽。（《文选·西都赋》注）

夫德，精微而不见，聪明而不发，是故外物不累其内。（《文选》沈休文《游沈道士馆诗》注、《养生论》注）

夫道，所以使贤无奈不肖何也！所以使智无奈愚何也！若此，则谓之道胜矣。（《文选》张景阳《杂诗》注）

道胜则名不彰。（《文选》张景阳《杂诗》注）

趋事之有司，贱也。（《文选》谢元晖《始出尚书省诗》注）

臣下闭口，左右结舌。（《文选》谢平原《内史表》注）

久处无过之地，则世俗听矣。（《文选》吴季重《答魏太子戕》注）

昔周室之衰也，厉王扰乱天下，诸侯力政，人欲独行以相兼。（《文选》东方朔《答客难》注）

众之胜寡，必也。（《文选》夏侯常《侍诔》注）

《诗》，往志也；《书》，往诰也；《春秋》，往事也。（《意林》）

两贵不相事，两贱不相使。（《意林》）

家富则疏族聚，家贫则兄弟离。非不相爱，利不足相容也。（《意林》）

藏甲之国，必有兵遁，市人可驱而战。安国之兵，不由忿起。（《意林》）

苍颉在庖牺之前。（《尚书序》疏）

为毳者，患涂之泥也。（《书·益稷》疏）

昼无事者夜不梦。（《云笈七签》32）

田骈名广。（《庄子·天下篇》释文）

桀、纣之有天下也，四海之内皆乱，关龙逢、王子比干不与焉，而谓之皆乱，其乱者众也。尧、舜之有天下也，四海之内皆治，而丹朱、商均不与焉，而谓之皆治，其治者众也。（《长短经·势运篇》注）

君明臣直，国之福也；父慈子孝，夫信妻贞，家之福也。故比干忠而不能存殷，申生孝而不能安晋，是皆有忠臣孝子而国家灭乱者，何也？无明君贤父以听之。故孝子不生慈父之家，忠臣不生圣君之下。（二句又见《意林》，据《治要》，在《知忠篇》，其上文与此大异，当考。此下逸文，并依原刻附入，原刻云："载《文献通考》。"今检《通考》，并无其文，存之以质知者）

王者有易政而无易国，有易君而无易民。汤、武非得伯夷之民以治，桀、纣非得跖、蹻之民以乱也。民之治乱在于上，国之安危在于政。

《夏箴》曰："小人无兼年之食，遇天饥，妻子非其

有也。大夫无兼年之食，遇天饥，臣妾舆马非其有也。戒之哉！”（按：《逸周书》有此文）

与天下于人，大事也，煦煦者以为惠，而尧、舜无德色。取天下于人，大嫌也，洁洁者以为污，而汤、武无愧容。惟其义也。

日月为天下眼目，人不知德；山川为天下衣食，人不能感。（《御览》3 以此四句为《任子》文，“感”作“谢”）

有勇不以怒，反与怯均也。（二句又见《御览》437 及 499）

小人食于力，君子食于道（二句又见《意林》及《御览》849），先王之训也。故常欲耕而食天下之人矣，然一身之耕，分诸天下，不能人得一升粟，其不能饱可知也；欲织而衣天下之人矣，然一身之织，分诸天下，不能人得尺布，其不能暖可知也。故以为不若诵先王之道而求其说，通圣人之言而究其旨，上说王公大人，次匹夫徒步之士。王公大人用吾言，国必治；匹夫徒步之士用吾言，行必修。虽不耕而食饥，不织而衣寒，功贤于耕而食之、织而衣之者也。（按：《墨子》有此文）

法，非从天下、非从地出，发于人间、合乎人心而已。治水者，茨防决塞，九州四海相似如一，学之于水，不学之于禹也。（自“治水者”以下又见《列子·汤问篇》注，“九州四海”作“虽在夷貊”，与《绎史》合）

古之全大体者，望天地，观江海，因山谷、日月所照，四时所行，云布风动；不以智累心，不以私累己；寄治乱于法术，托是非于赏罚，属轻重于权衡；不逆天理，不伤情性；不吹毛而求小疵，不洗垢而察难知；不引绳之外，不推绳之内；不急法之外，不缓法之内；守成理，因自然；祸福生乎道法而不出乎爱恶，荣辱之责在乎己而不在乎人。故至安之世，法如朝露，纯朴不欺；心无结怨，口无烦言。故车马不弊于远路，旌旗不乱于大泽，万民不失命于寇戎，豪杰不著名于图书、不录功于盘盂，记年之牒空虚。故曰：利莫长于简，福莫久于安。（按：《韩非子》有此文）

鹰，善击也，然日击之，则疲而无全翼矣。骥，善驰也，然日驰之，则蹶而无全蹄矣。

能辞万钟之禄于朝陛，不能不拾一金于无人之地；能谨百节之礼于庙宇，不能不驰一容于独居之馀。盖人情每狎于所私故也。

不肖者，不自谓不肖也，而不肖见于行，虽自谓贤，人犹谓之不肖也。愚者，不自谓愚也，而愚见于言，虽自谓智，人犹谓之愚。（按：《鬻子》有此文）

法者，所以齐天下之动、至公大定之制也。故智者不得越法而肆谋，辩者不得越法而肆议，士不得背法而有名，臣不得背法而有功。我喜可抑，我忿可窒，我法不可离也。骨肉可刑，亲戚可灭，至法不可阙也。

善为国者，移谋身之心而谋国，移富国之术而富民，移保子孙之志而保治，移求爵禄之意而求义，则不劳而化理成矣。

始吾未生之时，焉知生之为乐也？今吾未死，又焉知死之为不乐也？故生不足以使之，利何足以动之？死不足以禁之，害何足以恐之？明于死生之分，达于利害之变，是以目观玉辂琬象之状，耳听白雪清角之声，不能以乱其神；登千仞之溪，临猿眩之岸，不足以淆其知。夫如是，身可以杀，生可以无，仁可以成。

鸟飞于空，鱼游于渊，非术也。故为鸟为鱼者，亦不自知其能飞能游。苟知之，立心以为之，则必堕必溺。犹人之足驰手捉、耳听目视，当其驰、捉、听、视之际，应机自至，又不待思而施之也。苟须思之而后可施之，则疲矣。是以任自然者久，得其常者济。

周成王问鬻子曰："寡人闻圣人在上位，使民富且寿。若夫富，则可为也。若夫寿，则在天乎？"鬻子对曰："夫圣王在上位，天下无军兵之事，故诸侯不私相攻，而民不私相斗也，则民得尽一生矣。圣王在上，则君积于德化，而民积于用力。故妇人为其所衣，丈夫为其所食，则民无冻饿，民得二生矣。圣人在上，则君积于仁，吏积于爱，民积于顺，则刑罚废而无夭遏之诛，民则得三生矣。圣王在上，则使人有时，而用之有节，则民无疠疾，民得四生矣。（按：贾谊《新书》有此文）

爱赤子不慢其保，绝险者不慢其御。（觉按：《意林》卷二引）

尹文子言曰："齐有黄公者，二女皆国色，以其美也，常谦辞毁之为丑恶。丑恶之名远布而一国之人无欲聘者。"（觉按：《说郛》卷六引》）

人生一世，若露之托桐叶，其能几何？（觉按：《说郛》卷六引）